달, 그리고
심리 이야기

달, 그리고 심리 이야기

초판 1쇄 발행 2018년 10월 19일

지은이 김미경
펴낸이 장길수
펴낸곳 지식과감성#
출판등록 제2012-000081호

디자인 이현
편집 안영인, 최지희, 조혜수, 장홍은
교정 정혜나
마케팅 고은빛

주소 서울시 금천구 벚꽃로298 대륭포스트타워6차 1212호
전화 070-4651-3730~4
팩스 070-4325-7006
이메일 ksbookup@naver.com
홈페이지 www.knsbookup.com

ISBN 979-11-6275-326-2(03180)
값 12,000원

ⓒ 김미경 2018 Printed in Korea

잘못된 책은 구입하신 곳에서 바꾸어 드립니다.
이 책의 전부 또는 일부 내용을 재사용하려면 사전에 저작권자와 펴낸곳의 동의를 받아야 합니다.

이 도서의 국립중앙도서관 출판예정도서목록(CIP)은 서지정보유통지원시스템
홈페이지(http://seoji.nl.go.kr)와 국가자료공동목록시스템(http://www.nl.go.kr/kolisnet)에서
이용하실 수 있습니다. (CIP제어번호 : CIP2018032700)

홈페이지 바로가기

김미경 작가가
전하는
심리이야기

달, 그리고 심리 이야기

김미경 지음

우리의 자신을 향한 치유적 노력은 더 이상
선택이 아닌 필수이어야 하지 않을까요?

내 마음 안에서 답을 찾다.

우리가 달을 보며 읊조리는 조용한 기도를 통해
자신에게 침묵으로 진실하게 물어봐야할 마음의 이야기

목차

- 프롤로그 | 005

- 치유, 그 출발점에 서서 | 013
- 부정적 감정의 뿌리 | 031
- 너 자신을 알라 | 043
- 냉정과 열정 사이 | 051
- 열등감 | 065
- 자기 사랑이 지나치면 | 073
- 무기력 | 089
- 망상을 낳는 두려움 | 103
- 희생보다는 사랑 | 111
- 신경증적 불안 | 127
- 자신을 수치스럽게 여긴다는 것 | 139
- 중독 | 153
- 성격 | 161
- 인격 | 171
- 상처 | 179
- 치유의 선물, 자존감 | 191
- 진짜 어른 되기 | 197

프롤로그

　까만 하늘에 뜬 하얀 달, 달의 맑고 신비로운 이미지는 오래전부터 이어져 온 한국의 정서와 참 많은 부분이 닮아 있는 것 같습니다. 갓 세수한 아이의 하얀 얼굴을 볼 때 달덩이 같이 훤하다고 하기도 하고 우리 어머니들은 달을 보며 자식과 가족을 위해 남몰래 기도를 드려왔던 걸 보면 우리에게 '달'이란 이미지는 예로부터 밝고 신비한 능력을 가진 힘의 상징으로 여겨지지 않았을까 하는 생각이 듭니다.
　유럽에서는 달을 모성과 여신에 비유하기도 하고 불교에서는 지혜와 총명한 정신을 비유하는 법명(法名)에 많이 등장합니다. 지금 우리들이 살고 있는 현대의 시대가 물질의 가치를 중요시하고 다소 개인주의적으로 변해 삭막한 정서가 만연해졌다 하더라도 달빛을 바라보며 느끼는 정서는 시대도 국가도 초월하는 공통된 느낌이 있나 봅니다.

　까만 하늘에 뜬 달을 바라보고 있노라면 바라보던 눈도 금세 달을 닮아 초승달처럼 게슴츠레해지고 귓가엔 풀벌레 소리가 들리는 듯 잠시나마 감상에 빠져봅니다.
　저는 왠지 달이 뜨면 작은 기도가 저절로 떠오르는데요. 목표도 주제도 없이 그저 가슴만 '턱' 하니 달에게 던지는 그런 기도… '잘 살아가게 해 주세요.' 매번 비슷한 바람이었던 것 같습니다.

　여러분들은 어떤 심정으로 심리 치유와 관련된 책을 찾게 되었을까요? 제가 달을 보며 올리는 기도처럼 그런 비슷한 심정이 아니었을까 합니다.

　우리는 모두 행복하게 살길 바랍니다. 일에서 성공을 거두고 싶고 타인의 존경과 관심도 받고 싶으며, 가족과 맘 깊은 사랑을 나누며 살고 싶은 마음은 우리 모두의 바람일 테니까요. 하지만 현실에서 마주하는 우리들의 삶은 어떤가요? 돈이나 직장 문제로 괴로울 수도 있고 배우자가 내 말을 존중하지 않아서 괴로울 수 있으며 자녀를 바라보고 있으면 온갖 걱정과 우려로 불안에 휩싸이기도 하는 것 같습니다.
　어릴 적부터 꿈꿔왔던 '어른이 되면…' 하던 희망과는 다소 괴리가 있는 현재 나의 모습을 보게 됩니다. 게다가 나 자신조차도 내가 원하는 대로 살아지지 않기 때문에 한숨 섞인 하소연에 짜증과 무기력이란 녀석이 늘 따라다니게 되는 것 아닐까요?

　대체 왜 이렇게 내가 뜻하는 대로 인생이 풀리지 않는 것일까요? 우리들의 삶의 경험은 수십 년간 누적되고 연속되어 왔고 지금의 나의 인생이란 그동안 겪은 모든 경험의 합(合)이라고 할 수 있습니다. 그렇기 때문에 난국에 봉착한 현재의 인생 문제를 풀어나가기 위해서는 지나온 나의 삶의 역사와 현재 '나'라는 사람에 대한 실체를 드러내어 차근히 살펴보는 것이 중요합니다.

조급한 마음으로 크고 빠른 변화를 기대하여 서두르게 되면 더욱 혼란의 늪으로 빠져들게 될 수도 있기 때문입니다. 만약 우리가 대책 없이 꼬인 실타래를 풀어나갈 때도 급한 마음으로 다가가면 식은땀만 흐르지 당최 진도가 나갈 리 만무하지 않던가요? 하물며 손에 잡히지도 않고 풀어나가는 방법에 대해서도 무지(無知)한 인간 심리의 문제를 알아가고자 한다면 마음을 가라앉히고 한 가닥, 한 가닥 손끝의 느낌과 집중력을 동원해야 그 실마리를 찾을 수 있을 것입니다.

우리에게 명주옷을 입을 수 있게 해 주는 누에는 그 고치 하나에서 1,500m의 길이나 되는 명주실이 만들어진다고 합니다. 게다가 그 작은 고치 한 개를 만들기 위해서 누에는 5번의 살신성인(殺身成仁)과 같은 허물 벗기의 과정을 거치게 된다고 하던데, 그런 얘기를 들으면 '세상의 어떤 종류의 생명도 그저 그렇게 그럭저럭 살아지지는 않나 보다' 하는 맘에 숙연해지기도 합니다.

우리가 인정하고 싶지 않아 거부하던 여러 가지 인생 문제들을 언제까지 미뤄둘 수 있을까요? 우리는 그런 문제들의 실체 앞에서 남 탓과 환경 탓을 이제 그만 멈추고, 있는 그대로 직시(直視)할 필요가 있습니다. 진실을 따르는 삶은 쉽지 않다는 것을 알지만 지금 우리에겐 바로 그 진실 앞에 설 용기가 필요한 순간일지 모릅니다.

누에고치처럼 5번의 허물을 벗지는 못하더라도 내 생애 단 한 번 나의 모든 측면을 솔직하게 바라보며 나의 진면목을 살필 한 번의 허물 벗기는 필요를 넘어 필수적이라 할 수 있습니다.

  그렇다면 어디서부터 시작해 보면 좋을까요? 우선 현재 봉착한 어려운 인생의 문제에 다가서기 위해서는 먼저 인간의 심리에 대한 개념 이해가 전제되어야 합니다.

  독자 여러분이 만약 귀한 난(蘭)꽃 화분을 선물로 받았다고 가정해 본다면 아마 그 꽃을 정성껏 키우고 잘 성장시켜 향기롭고 아름다운 꽃을 피우게 하고 싶을 것입니다.

  그렇다면 가장 먼저 난(蘭)에게 얼마만큼의 물을 주어야 하고 햇볕에 두는 시간은 어떻게 조절해야 하며 어떤 비료를 주어야 성장에 도움이 될 것인지에 대해 책을 찾든 인터넷을 뒤져보든 적극적인 심정으로 두 팔을 걷어붙이게 될 것입니다. 하물며 내가 행복하게 잘 살아가기 위한 마음공부를 시작한다면 우선 유능한 심리학자들의 연구로부터 이어져 내려온 인간의 전반적인 심리 현상에 대한 이론을 배우는 것이 지름길이 될 것입니다. 그 이후 그렇게 배우고 깨달은 인간 심리에 대한 전문적인 이론을 대입하여 자신의 사고, 감정, 경험에 비추어 보세요. 그 과정을 통해 현재 겪고 있는 불편한 마음의 원인을 찾아보고 두루 검토해 나간다면 한 발짝씩 원하는 결과에 도착할 수 있게 될 테니까요.

  그런 다각도의 탐구 과정을 통해 과거에 맺었던 인간관계와 삶의 경험들 속에서 자신이 받은 직접적, 간접적 영향을 발견하게 될 것입니다. 그런 경험들로 생겨난 자신의 오랜 습관과 살아가면서 취하는 나만의 특정한 태도의 연관성을 이해할 수 있을 것입니다.

한마디로 말해 마음공부를 할수록 자신이라는 인간에 대한 이해가 더욱 깊어지게 된다는 뜻이기도 합니다. 그러한 깊은 자기 이해가 바탕이 되어야만 타인을 이해하는 깊은 공감의 마음이 저절로 우러나오게 되는 것입니다. 당연한 말이겠지만 자신에 대한 명확한 이해가 없는 상태에서 상대를 이해한다는 것은 그야말로 어불성설(語不成說)이기 때문입니다.

그 이유는 나의 마음에 썬 흐린 안경은 세상과 타인을 있는 그대로 보는 것을 방해하고 오해와 갈등으로 살아가게 만드는 불씨이기 때문입니다. 그런 이유로 자기 이해(自己理解)의 과정을 통해 우선 내가 쓴 마음의 안경을 맑고 투명하게 닦아야 하는 것이지요.

그리고 세 번째 단계는 과거에 받은 여러 가지 상처와 불쾌한 감정들을 떠올리고 수용하는 단계입니다. 자신의 과거의 아픈 경험들이 다 없어지고 사라진 줄 알았는데 날 것 그대로의 상처로 남아 치유뇌지 않은 채 행복으로 가는 길을 가로막고 있다는 것을 발견할 수도 있습니다. 또한 생각지도 못한 자신의 강점과 여기까지 살아오게 만든 자신만의 힘을 발견하게 될 수도 있을 테죠. 그리고 그 모든 과정은 자신과 만나는 소중하고 뜻깊은 시간이 될 것입니다.

여태 그냥 덮어 두고 살아가는 것이 최선이라 생각했던 해결되지 않은 많은 갈등들, 다시는 돌이켜 보고 싶지 않은 수치스러운 기억들일지라도, 앞으로의 행복을 위해 사소한 기억부터 아직도 선명하게 수치감이 남아 있는 기억까지 모두 꺼내어 들추어 보기를 바랍니다.

세심하게 다루어지지 않은 삶의 찌꺼기는 그것이 상처이든 음식물이든 악취를 풍기며 지속적으로 삶의 질을 떨어뜨리게 됩니다. 매일 매일 분리수거를 잘해야 집안에 날파리가 꼬이지 않듯이 나의 마음에도 이제 수십 년 묵힌 채 미뤄둔 대청소를 이제 시작해야 하는 것입니다.

과거의 어떤 사건을 떠올렸을 때 여전히 화가 치밀거나 자신을 탓하고 싶은 감정이 든다는 것은 아직 그 상처가 치유되지 않았다는 뜻이기도 합니다. 이제 어른이 된 자신이 그 아이의 텅 빈 옆자리에 서서 보듬어 주며 그간 외롭고 힘들었던 마음을 함께 슬퍼해 주세요. 그렇게 마음의 상처는 공감과 눈물로 씻어 내어야 합니다.

셀 수 없이 많은 상처가 있었다 하더라도 그 상처가 잘 아물고 난 뒤에는 부쩍 성장하고 담담해진 자신을 발견하게 될 것입니다.

이 책 《달, 그리고 심리 이야기》는 우리가 달을 보며 읊조리는 그런 조용한 기도를 통해 자신에게 침묵으로 진실하게 물어봐야 할 마음의 이야기를 담아 보았습니다.

매일 매일 달을 바라보며 기도하는 마음으로 한 걸음씩 진실한 참자기에게로 다가갈 수 있길… 달빛이 주는 고요한 밝음 속에 담긴 지혜를 우리도 배워볼 수 있기를 바라는 마음입니다.

이 책을 통해 독자들과 함께 소소한 지식이라도 나누어 행복과 사랑으로 살아가는 데 도움이 되고자 하는 바람입니다. 글을 써 내려가는 동안 아주 어릴 적 기억부터, 학창시절, 청년이 된 이후에 겪은 어려움을 하나하나 기억해 보는 좋은 시간도 가지게 되어 개인적으로 너무나 기쁜 시간들이 되었던 것 같습니다.

  이 책을 출간하며 개인 상담과 그룹 상담을 통해 만난 많은 도반(道伴)님들께 마음 깊은 공감과 응원을 보내고 싶습니다. 그리고 자식들을 위해 늘 최선을 다해 살아온 어머니, 아버지께 감사와 사랑의 마음을 보내고 싶습니다. 그리고 그 누구보다 사랑하는 딸, 하느님께서 내게 보내주신 소중한 딸 혜지를 위해, 그 아이의 아름다운 성장을 위해 이 책을 쓰려 합니다.

"정상적 인간이란, 사실 평균적 의미에서 정상일 뿐이다.
그의 자아는 여기저기에서 크게 또는 작게
정신병자의 자아와 비슷하다."

— 지그문트 프로이트(Sigmund Freud) —

치유,
그 출발점에 서서

여러분은 어떨 때 치유(治癒)가 필요하다고 느끼시나요? 매일 비슷하게 돌아가며 특별할 것도 없는 일상에서 서로 다른 의견으로 다툴 일이 생기고 갖은 요구에 시달리며 이기적인 세상과 힘겨루기를 하다 보면 '왜 나만?', '왜 하필?'이라는 조건어가 자동으로 붙어 다니게 됩니다.

불현듯 인생이 무의미하게 느껴지며 미래가 불안하고 우울할 때, 또는 어떠한 일로 낙담했거나 자신이 수치스럽게 느껴질 때, 그리고 가까운 사람들과 풀리지 않는 갈등을 겪게 되면 그 발걸음은 어느덧 심리상담소를 향하고 있을지도 모릅니다.

삶을 살아가다 보면 모든 문제가 한 번에 해결된 듯 날아갈 것 같은 행복한 일들도 있지만 뜻하지 않게 찾아온 이별을 견뎌야 할 때나 소중하게 생각하던 것을 상실하는 아픔, 삶의 목표를 잃은 채 방황하게 되는 경험들 또한 살아가는 동안 겪을 수밖에 없는 것이 우리네 인생살이입니다.

그렇게 인생의 모서리들을 지나가야 할 때면 계절이 지나다니는 소리조차도 듣지 못하는 눈뜬장님이 되고 맙니다. 들판에 이름 모를 들꽃이 피어 살랑살랑 손짓을 해도, 야밤에 풀벌레가 그토록 애절하게 나를 불러내도 나는 동네 친구에게 골이 잔뜩 난 아이처럼 방구석에 찾아 들어가 야속한 마음만 붙들고 싶어질 테죠.

'삶이란 아주 냉정한 스승'이라 했던가요? 친구나 배우자에게조차도 말하지 못할 사정이 있다면 아마도 심리 치유와 관련된 책을 찾아 읽으며 스스로 위안을 얻고자 할 수도 있습니다. 그보다 좀 더 적극적인 마음이 들면 심리상담소의 문을 조심스레 두드리게 되는 것이 아닐까요? 답답한 마음에 찾는 무당집처럼 어쩌면 시원한 답이라도 알려 줄 거라는 기대감에 시작하는 첫걸음일 것입니다.

나는 그런 당신을 환영합니다. 그 시작이 무엇 때문이었는지, 누구의 잘못으로 비롯되었는지는 이제 더 이상 중요치 않습니다. 오히려 당신이 자신의 '마음'이라는 것에 대해 관심을 가지게 되었고, 인간 심리에 대한 진실, 세상의 진리에 대해 의문을 갖게 되었으며, 그곳에서 어떠한 해답을 찾으려는 시도를 하려 한다는 것에서 이미 당신은 치유와 성장의 길로 들어서게 되었으니까요.

심리학은 마술이 아니라 과학

심리학(心理學)은 과학의 한 분야입니다. 심리학의 실험이 본격화되기 시작하고 급격하게 성장하게 된 시기는 오스트리아의 정신과 의사이자 심리학자인 지그문트 프로이트(Sigmund Freud)의 '무의식(unconsciousness, 無意識)'에 관한 연구로부터 시작되었다고 볼 수 있습니다.

현대 심리학의 주류를 이루고 있는 대부분의 이론들은 프로이트 박사의 제자들이(Carl Gustav Jung, Alfred Adler, Melanie Klein 등) 프로이트의 이론에 그 뿌리를 두고 각기 다른 학파를 구성하여 연구해 온 것이니 프로이트를 정신분석과 심리학의 아버지라 부르는 것이 마땅한 이유가 될 것입니다.

프로이트의 가장 큰 업적은 '무의식'의 발견이라 할 수 있습니다. 무의식이란 일반적으로 각성되지 않은 심적 상태, 다시 말해 자신도 모르게 말과 행동으로 표출되거나 또는 신체의 이상(異常) 증상으로 나타나 한 개인의 삶에 많은 영향을 미치고 있는 에너지 덩어리와 같습니다. 하지만 정작 자신은 고통스런 마음의 핵심 원인을 알지 못해 매우 주관적으로 해석하고 있는 상태라고 할 수 있습니다. 그리고 무의식이 어떤 에너지를 가지고 있다는 것은 한 사람의 정신세계에 작용하는 힘을 가지고 있다는 뜻이기도 합니다.

사람들은 인생 전반에서 비슷한 궤도를 돌면서 비슷한 경험들을 스스로 반복해서 일으키면서 살아가는데 이것이 바로 '무의식의 힘'입니다. 그리고 인간이 성장하는 과정 속에서 경험하게 될 갈등과 위험으로부터 보호하기 위해 발달시킨 자기보호체계도 무의식 속에 함께 존재하는데 두껍게 쌓아둔 보호막은 자신의 실체를 파악하는 데 어려움을 주는 요소가 되기도 합니다.

프로이트는 히스테리의 연구를 통해서 신경증적 원인이 신체적 질환, 이상 행동, 실수, 꿈, 반복경험 등으로 나타날 수 있음을 발견하였는데, 이때 히스테리의 원인이란 보통 어린 시절의 충격적 경험(트라우마)이라는 것을 알게 되었습니다.

그는 히스테리 증상의 원인을 분석하여 근본적인 치유 효과를 가져오는 정신분석 치료기법을 연구하였으며 그의 일생을 바친 연구 덕분에 인간은 자신의 내면을 보다 솔직하게 들여다볼 수 있게 되었습니다. 이러한 정신분석에 기반한 심리치료는 과거에 겪은 트라우마를 치유하는 것이 핵심인데요. 한 개인은 치유의 과정을 통해 멈추었던 인격의 성장을 다시금 할 수 있게 되는 것입니다.

 현실의 삶은 수많은 사람의 욕구와 요구로 매우 복잡하게 얽혀 있습니다. 그 변화무상하고 복잡한 세상을 잘 살아가기 위해서는 세상의 규칙, 질서들과 개인의 사고, 감정, 욕구, 의지 간의 균형을 잡으려는 끊임없는 노력이 필요한데, 이렇게 정신적 균형을 잘 잡는 사람이 잘 살아가는 사람이라고도 할 수 있을 것입니다.
 정신적인 안정감을 위한 노력의 주체는 인간의 '자아(ego, 自我)'라는 기능이 담당하고 있는데요. 자아가 건강한 사람이 자신의 정신적인 기능을 잘 유지하고 살아간다고 할 수 있습니다. 하지만 무의식적인 에너지가 불건강하다면 자아의 기능을 교란시키는 주체가 될 수 있으므로 무의식의 근본적인 치유는 자아(自我)라는 나무가 잘 성장할 수 있도록 쓸모없는 잡초를 제거하는 과정에 비유해 볼 수 있습니다.

무의식을 이해해야 삶이 바뀐다

 심리학자의 대부분은 무의식에 대해 공통된 입장을 취하는데요. 우리가 살아가는 데 가장 많이 의지하고 활용하는 '의식'의 영역에 비해 무의식이 매우 과소평가 되어 왔으며 실제 우리의 무의식에 입력된 많은 정보들이 성인기까지 무시할 수 없는 영향을 미친다는 것입니다.
 어릴 적 경험이 인생 전체에 영향을 미친다는 것뿐만 아니라 의지와 의식의 힘으로도 어쩔 수 없는 초자연적인 힘인 무의식은 나의 의지와 상관없이 펼쳐지는 운명(運命)을 예측하고 있는 것이나 다름없다는 것입니다. 어쩌면 이러한 이유로 다들 인생이 내 맘대로 안된다고 하소연하는지도 모르겠습니다.

 프로이트는 정신역동론(psychodynamic, 精神力動)을 통해 '우리 마음의 내부에너지는 그 근원이 있고 그 에너지의 총량은 변하지 않는다'라고 했습니다. 바꾸어 말하면 인간의 어떤 한 부분에서 억압된 무의식의 에너지를 다른 부분으로 발산하려 한다는 것인데, 그 힘이 우리 삶에서 긍정적으로 쓰일지 부정적으로 쓰일지가 그 사람의 인생의 질(質)을 결정하게 된다는 것입니다.

 그러고 보면 지금의 '나'는 결코 우연히 여기에까지 와 있는 것이 아닌 것 같습니다. 내가 맞이하고 있는 많은 인연들도 우연의 현상이 아니라 어떤 규칙을 띄는 인연으로 맺어진 것 아닐까요? 내가 현재 맞이하고 있는 삶은 과거의 경험을 바탕으로 인연이 맺어졌듯이, 현재를 살아가고 있는 삶의 내용으로부터 미래의 인연을 예측해 볼 수 있는 것입니다. 우리가 아무리 이성적으로 판단하고 깊은 수고를 통해 계획한 일이 있다 하더라도 의식이 가고자 하는 방향과 무의식이 이끄는 방향이 다르게 설정된다면, 우리의 의지(意志)와 노력만으로는 우리가 원하는 인생을 살아갈 수 없다는 뜻이기도 합니다.

부처님이 말씀하신 인과응보(因果應報)라는 말의 의미도 과거에 내가 알게 모르게 지었던 많은 업보(業報)의 결과가 현재의 나를 이루고 있는 것이고 그러한 이유로 수행정진(修行精眞)하는 마음으로 현재를 살아간다면 미래의 운명적으로 다가올 나의 인연들의 연결고리도 바꿀 수 있다는 것이지요.

심리치료란 정서, 인지, 동기의 교정이다

어느 누가 행복하게 살고 싶지 않을까요? 해내야 할 많은 인생의 숙제들 앞에서 이를 악물고 두 손을 불끈 쥔 채 무진장 애를 써 봐도 작심삼일(作心三日)처럼 무너진 적은 없었나요? 또한 나름대로 온갖 정성을 기울여 최선을 다한 관계가 엉뚱한 결과를 가져온 적은 없나요?

여러분도 아시다시피 우리가 무언가 이루어내기를 바란다면 그에 상응하는 노력 없이는 어떠한 성과도 낼 수 없습니다. 그것이 사랑이든, 성공이든, 좋은 삶이든 그 뜻을 향한 실질적 행동 없이는 그 어떤 것도 성취할 수 없습니다.

   행동 변화의 열쇠를 쥐고 있는 것은 사실상 한 사람이 느끼는 정서(情緒), 인지(認知), 동기(動機)라고 할 수 있습니다. 무언가를 열심히 해 보고 싶은데 무력감을 이길 수가 없고(정서), 열심히는 하지만 올바른 방향을 찾지 못해 늘 헤매거나(인지) 왜 이걸 해야 하는지 필요성을 느끼지 못한다면(동기) 의지(意志)의 힘으로만은 좋은 결과를 만들어내지 못하고 삼일(三日)을 넘기지 못하는 것입니다. 그래서 우리가 목표를 정했다고 해서 그것을 위해 무작정 달려만 갈 것이 아니라 왜곡된 정서를 치유하고 바르지 못한 생각이 있다면 바로 잡아야 하며, 살아갈 동기가 되는 삶의 의미를 다시금 설정해야 하는 것입니다.

   우리가 마음공부를 해야 하는 이유는 바로 자신의 운명(運命)을 스스로 바꾸고 인생의 주인이 되고자 하기 위해서입니다. 그리고 그것은 더 나아가 자녀 운명의 기초를 다지는 초석이 될 테니 우리의 자신을 향한 치유적 노력은 더 이상 선택이 아닌 필수이어야 하지 않을까요?

갈등의 균형추, 자아

   인간 정신의 중심축을 이루는 자기(self)는 의식과 무의식의 총합으로 이루어져 있으며 이는 정신적, 사회적 균형을 잃지 않으려 끊임없이 움직입니다.

자아(自我)의 역할 중 현실의 적응과 균형을 맞추려는 노력을 지적인 측면으로는 그 대상을 평가, 판단하는 기능을 담당하고 감정적인 측면으로는 다른 사람을 이해하고 공감하며 자신의 느낌을 표현하는 방식을 통해 이루어지게 됩니다. 하물며 자는 동안에서조차도 꿈을 꾸는 행위를 통해서 그 균형을 잡으려는 노력이 지속되는데, 이런 것이 바로 인간의 자연 치유력과 생존력을 뜻하는 것이 아닐까 합니다.

이렇게 다재다능한 자아는 심리적 균형이 무너지지 않게 세상이 내게 바라는 것과 내가 하고 싶은 것, 그리고 내가 할 수 있는 것 사이에서 정교한 균형을 잡기 위해 추의 무게를 조절하는 것이지요.

그렇다면 건강한 자아를 갖고 살아간다는 것은 어떤 의미일까요? 자아가 건강하다면 우리는 인생을 살아가는 동안 유용한 에너지를 받을 수 있습니다. 이 에너지는 외부로부터 빌려 쓰는 일회용 에너지가 아닌 그의 내면에서 만들어져 쉽게 꺼지지 않는 불빛처럼, 영원히 샘솟는 오아시스처럼 지속적인 정신적 영양분을 받을 수 있게 됩니다.

자기(self)의 중심을 잡아주는 자아가 건강하다면 현실에서 곤란한 일들이 생겨도 현실 파악을 할 때 왜곡이 적어 쓸데없는 갈등으로 인한 정력 낭비가 줄어들게 됩니다. 혹여 갈등이 생기더라도 지혜롭게 헤쳐나갈 수 있는 사회적인 능력도 가질 수 있게 되는 것이지요.

사람들과의 관계에서도 그 내면의 힘 덕분에 두려움이 적고 타인과의 관계에서 벽을 두지 않게 되며 이런 밝고 가벼운 마음 덕분에 사랑과 정을 주고받는 열린 마음으로 살아가게 되는 것입니다.

단단한 내면과 세상을 보는 지혜, 남다른 균형감각 덕분에 갈등으로 소모될 에너지를 자신의 꿈과 목표를 향해 나아가는 데 활용할 수 있으므로 사회적 성공에도 다른 이들보다 더욱 유리한 길을 가게 되는 것입니다. 이것은 마치 인생의 보너스로 받은 에너지처럼 정신적인 여유 자산이 생겨나게 되는 것이지요.

한마디로 말해서 자아가 건강하면 그의 인생길은 바로 '꽃길'이 될 수 있습니다. 하지만 우리의 자아가 불건강하여 신경증적으로 병들거나 분열을 일으키게 되면 자신의 미해결된 욕구로 인해 무언가에 집착해야만 살아갈 수 있거나 중독으로 몽롱한 상태로만 휴식을 취할 수 있게 되는 것입니다. 또한 인간관계에서 발생하는 갖가지 두려움으로부터 자신을 지키기 위해 무의식적으로 방어막이나 가면들을 만들어 실재의 자신을 숨기려 할 것입니다.

이러한 마음으로 오랜 세월을 살아가게 되면 자기만의 세계에 더욱더 몰입하려고 하며 불필요한 정신 에너지를 소모하게 되므로 무기력, 우울, 불안, 절망, 두려움 등에 묶인 채 마음의 감옥으로 들어가는 답답한 인생이 되어 버리는 것입니다.

나를 찾아 떠나는 여행

심리 상담(psychology consultation)은 개인의 심리적 고통을 일으키는 문제의 원인을 찾아서 현실 적응 능력을 개선하고 인격적인 성장을 돕는 것을 주요 목표로 삼습니다. 심리 상담을 통해 저절로 개선이 이루어지도록 하는 마술 같은 능력을 바란다면 아마도 금세 실망하게 될지도 모르겠습니다.

심리 상담 과정에서 상담자의 역할이란 한 개인을 암흑 같은 어두운 현실에서 구해내어 주는 영웅 같은 존재라기보다는 그 사람의 친구가 되어 등불을 밝혀 주는 동반자의 역할을 함으로써 스스로 자신의 길을 찾아 어려움에서 벗어나도록 도움을 주는 것이라고 할 수 있습니다.

또한 심리 상담은 거짓된 자신을 벗고 참자기를 찾아가는 과정이라고도 할 수 있습니다. 참자기로 살아가는 행복감은 그저 좋은 물건을 사게 되어 생기는 기쁜 마음이나 애인이 생겼을 때 느껴지는 만족감, 승진이나 시험에 합격했을 때 느끼는 성취감과는 좀 다른 느낌이라고 하는 것이 좋을 것 같습니다.

진짜 행복이란 하루하루 비슷한 인생을 살아가는 동안에도 인간으로서 든든함을 지속적으로 느끼게 되며 삶에 어려움이 닥치더라도 책임을 회피하지 않고 당당하게 맞서는 능력에서 우러나오는 감정이라 할 수 있습니다. 그때 느끼는 안정감은 성취나 소유에 따르는 불꽃같은 쾌감이라기보다 고요한 가운데 솟아오르는 기쁨이라고 표현하는 것이 더 적절할 것입니다.

이러한 상태가 바로 자존감(自尊感)이 높아진 마음이며 자존감이 높으면 내면의 힘이 단단해지기 때문에 그 한 사람의 인생에서 느껴지는 많은 감정과 인식들이 조화를 이루며 한 곡의 멋진 오페라 음악처럼 리드미컬하게 흘러가게 됩니다.

엉망진창으로 연주되는 미숙한 곡조가 아닌 정교하면서도 강약이 있고 강인함 속에서도 여백이 있는 아름다운 하모니를 이루는 선율처럼 사는 삶이, 바로 이 높은 자존감 덕분이라는 말입니다.

높은 자존감의 든든한 지원군이 되는 건강한 자아는 살아가는 동안 연속적인 역할을 하는데 성실과 나태함, 상처받음과 용서, 절제와 너그러움, 갈등과 수용, 나눔과 베풂의 사이를 오가며 현실 세계에 맞게 적절하고도 지속적으로 균형을 유지하는 노력을 하게 되는 것이지요.

불교에서는 인간의 본성을 찾아가는 것을 어린 동자가 소를 찾아가는 것에 비유하며 그린 〈십우도(十牛圖)〉라는 선화가 있습니다. 산속을 헤매던 동자가 우연히 소의 발자국을 발견하고는 그 길을 따라 소를 찾게 되고, 또 그 소를 길들이고 타고 놀며, 다시 원형으로 돌아가기까지의 단계를 10가지의 그림으로 나타낸 것인데요. 이것은 바로 우리가 자신의 본성인 참자기를 찾아가는 단계를 나타내는 것입니다.

서양에서는 그 여정을 출발, 투쟁, 귀환의 단계로 나누어 신경증의 자아가 건강한 자아를 거쳐 정신적인 자아로 완성되는 과정으로 나눈 것을 보면, 동양이든 서양이든 참자기를 찾아낸 선각자의 그 길, 그 과정

역시 크게 다르지 않음을 알 수 있습니다.

치유, 그리고 자존감의 회복

치유의 결과는 진정한 자존감(自尊感, self-esteem)의 회복입니다. 자존감이란 단어는 미국의 심리학자 윌리엄 제임스(William James)가 처음 사용한 단어이며 그 사전적 의미는 '자신을 스스로 사랑하고 존중하는 마음'입니다.

그 뜻을 풀어보면 한 인간으로서의 존엄성을 타인의 인정과 사회적 기준에 의해 평가하지 않고 내면의 성숙한 사고와 세상의 진리적인 가치 기준에 기반할 수 있는 개인의 의식을 말하는 것입니다. 현실에서는 정작 자존심(自尊心)과 혼용되어 쓰이기도 하지만 사실 자존심과는 다른 의미를 지닙니다.

자존감이란 이성(理性)과 감성(感性)의 영역에 고루 걸쳐져 있는 느낌인데 자존감이 높아지면 자신감도 생깁니다. 자존감은 자신의 존재를 있는 그대로 인정하는 존재(存在)에 대한 긍정적 개념이지만 이와 다르게 자신감은 타인과의 경쟁 속에서의 긍정적 개념을 더 많이 포함하고 있다고 할 수 있습니다.

여기에서 말하고 있는 '그 사람의 존재(存在)를 존중(尊重)한다'라는 것은 그 대상을 판단과 비판의 기준으로 바라보지 않음을 의미합니다.

사람을 판단(判斷)과 비판(批判)의 대상으로 삼지 않고 '있는 그대로' 바라볼 수 있는 관조적(觀照的)인 입장을 취할 수 있을 때 그 대상이 자신이든 타인이든 자존감이 성장 에너지를 받을 수 있게 되는 것입니다.

 건강한 자아로 가는 길, 가시밭길에서 벗어나 꽃길로 돌아가는 길, 그 길은 봄날 소풍처럼 즐겁지만은 않을 것입니다. 마음공부를 시작한다고 해서 그 모든 과정이 바로 행복의 감정으로 가득해지지 않는다는 것을 미리 알아 두는 것이 좋습니다.
 어쩌면 칠흑 같은 어둠 속에서 길을 잃고 엉망진창이 된 자신을 발견하게 될 수도 있고 사막처럼 끝도 없고 답도 없어 보이는 길을 걸어야 할 수도 있습니다.
 물론 생각지도 못한 곳에서 오아시스를 만나 그간 고생을 보상받는 듯 보람 있는 물 한 모금을 얻기도 하고, 미로와 같은 길을 방황하는 가운데에도 꽃을 발견하면 새로운 정을 주고받는 일이 생길 수도 있을 것입니다.
 그 과정에서 우리는 거품 같은 환상을 발견하기도 하고 자신의 목숨처럼 소중하게 여겨 두 손에 꼭 쥐고 있던 것들을 놓아 버려야 할 수도 있습니다.
 쓰러지는 순간에 그 땅을 딛고 일어나기도 하며 두려움 속에서도 더 이상 숨지 않고 도전해 보는 연습을 하게 될 것입니다. 이러한 자신의 원형을 찾는 과정은 적지 않은 시간이 필요하기 때문에 그 길이 그리 호락호락하지는 않을 것입니다.

나의 깊은 마음속에 잠겨 있는 무의식을 탐색해 가는 정신분석의 과정 속에서 누구나 겪게 되는 것이 하나 있습니다. 이제껏 잊고 살아왔다고 생각했던 여러 가지 부정적인 경험과 감정들이 사라지지 않은 채 살아온 역사만큼이나 차곡차곡 가라앉아 쌓여 있었다는 사실입니다.

꼭꼭 숨어 있던 나의 진정한 실체들과 마주하게 되는 순간 소스라치게 놀라게 될 수도 있습니다. 그리고 그런 불안정한 감정과 불쾌감을 일으키는 감정들을 외면하기 위해 만들어둔 은밀한 심리적 방어체계는 그 종류를 헤아리자면 아마 하늘의 별의 개수만큼이나 많을지도 모를 일입니다.

치유를 통해 얻는 힘

유년기부터 쌓아온 이 감정들의 방어적 패턴은 자신의 마음을 갉아먹고 병들게 해서 성장보다는 편하게 안주하고 방어하기 급급한 삶을 살아가게 합니다. 하지만 우리의 과거가 정신적으로 건강하게 성장하는 데 불리한 환경 탓에 자신을 해치는 쪽으로 습관이 굳어졌다 하더라도 우리는 치유를 통해 자존감 회복이 가능합니다.

다만 우리에겐 시간이 필요합니다. 이제까지 살아온 시간이 수십 년은 되니까 그 부정적 감정의 뿌리도 얕지 않을 테고 불안하고 수치스러운 감정들이 새어 나오지 않게 막아둔 인격의 방어막도 역시나 단단할 것이기 때문이지요.

치유를 통해 자존감을 회복하게 되면 인생에 어떠한 변화가 일어나게 될까요? 아마도 우리는 진정한 행복이 무엇을 의미하는지 서서히 몸으로, 감정으로, 성격의 변화로 느끼게 될 것입니다.

마음공부를 시작하면 우선적으로 느끼게 되는 것은 무거웠던 마음이 다소 가벼워지고 인간관계에서도 자잘한 정을 나눌 수 있는 조금의 여유가 생긴다는 것입니다. 그런 인간적인 감정의 교류는 자신에게 근기(根氣)와 즐거움을 부여하게 되고 회복된 인간관계 속에서 다시 세상살이의 균형 잡기에 필요한 근력이 만들어져 심리적으로 좀 더 건강해짐을 느낄 수가 있게 됩니다.

그런 노력들 덕분에 세상을 긍정적으로 보는 사고 패턴이 형성되어 삶의 여러 가지 문제들도 다소 수월하게 풀려나가기도 하고 다시금 인생의 어려움을 맞이하게 된다고 하더라도 부정적인 감정을 수용하는 힘이 생겨 좀 덜 좌절하게 되고 좀 더 지혜롭게 대처하며 살아갈 수 있게 됩니다. 이렇게 되면 그 사람의 삶의 패턴이 긍정적인 방향으로 선순환하기 시작된 것이라 할 수 있습니다.

인본주의 심리학자 칼로저스는 자신의 저서인 《On Becoming a Person》에서 심리 치유를 통한 기대를 이렇게 말했습니다.

"그는 자신이 억압했던 자신의 관점을 이해하게 되고 경험하게 될 것이다. 그는 좀 더 통합적이 되고 더욱 효율적으로 기능하며 그가 원하는 이상적인 사람과 비슷해질 것이다. 더욱 자기지향적이 되고 높은 자신감을 가지며 타인을 이해하고 수용하는 폭이 넓어질 것이다. 더욱 독창적이 되고 자기 표현적인 사람이 되어 삶의 다양한 문제를 적절하고 편안하게 대처할 수 있게 될 것이다."

우리의 원형(原形)은 '사랑'입니다. 그리고 우리가 태어나 지금껏 살아 있다는 사실 그 자체가 바로 은총(恩寵)입니다. '내게 문제가 있다'라고 느끼게 된 시점이 치유의 시작이라고 볼 수 있다면, '당연한 것이 당연한 것이 아니구나'라고 세상에 감사한 것들이 하나둘씩 늘어나기 시작한 시점이 통합(統合)이 이루어지는 단계라고 합니다.

끔찍하게 가기 싫었던 직장, 불편한 가족, 얄미운 친구나 동료들, 내게 생명을 주는 물과 공기, 자연 그 외에도 당연히 내 곁에서 나를 위해 살아가는 존재여야 한다고 생각했던 것들이 오히려 나를 살리고 있는 사람들이었다는 것을 느끼게 되면 그는 이제 큰 성장을 이루었다고 할 수 있습니다. 이제 진정한 어른으로 살아갈 준비가 되었다고 할 수 있는 것이지요.

"무의식을 의식화하지 않으면 무의식이
우리 삶의 방향을 결정하게 되는데
우리는 바로 이런 것을 두고 운명이라고 부른다."

− 칼 구스타브 융(Carl Gustav Jung) −

부정적 감정의 뿌리

정서적으로 자녀에게 상처를 많이 주는 부모를 수잔 포워드(Susan Forward)는 '독성이 강한 부모'라고 하였습니다. 부모로서 기본적인 의무를 다하지 않거나 그들의 힘과 권위를 바탕으로 아이들을 벌주고 지배, 통제, 간섭을 일삼아 자녀에게 신체적, 정서적으로 괴롭히는 부모를 일컫는 말입니다.

앞서 언급했듯이 우리의 분노와 히스테리의 근원은 부모에게서 온 경우가 많습니다. 또한 어떤 부모님들은 신체적으로는 아이들을 잘 돌보아 주고 편안함을 제공했을지는 몰라도 알게 모르게 정서적 학대를 가하게 되는 경우가 있는데, 그 영향은 고스란히 아이에게 전해져서 어른이 된 후에도 현실에 적응하는 데 문제를 일으키게 하는 주요 원인이 되는 것도 사실입니다.

이렇게 부모와 아이와의 관계에서 긍정적인 정서적 관계를 맺지 못하게 되면 아이의 마음에 독성이 자라나기 시작하고 그런 독성은 세상살이에서 상처를 지속적으로 입게 되는 어떤 성격적 패턴이 만들어지게 됩니다. 이렇듯 세상이라는 환경에 부적응적인 패턴으로 살아가는 가정을 심리학적 용어로 역기능(逆機能)적 가정이라고 합니다.

알프레드 아들러는 《인간이해》라는 저서를 통해 이렇게 말했습니다.

"잘못된 교육은 대부분 이렇게 시작된다. 너무 지나친 요구에 직면한 아이는 자신을 가치 없는 존재로 여기게 되고 그것은 가슴 깊이 각인된다. 심지어 어떤 부모들은 자신의 아이에게 작고 열등하고 중요하지 않은 존재라고 끊임없이 주입시킨다. 또 어떤 부모는 아이를 애지중지하는 물건으로 취급하거나 귀찮은 짐으로 간주하기도 하는데 아이들은 자신이라는 존재를 타인에게 기쁨을 주거나 불쾌감을 주는 존재에 불과하다고 믿게 된다."

자식들을 키우느라 밤낮없이 고생하신 부모님을 생각하면 정말 죄송하지만 감사한 건 감사한 것이고 또 원망스러운 것은 여전히 원망스러운 것인 걸 어찌해야 할까요? 그러나 모든 책임을 부모님의 탓으로 돌리는 것은 위험한 발상입니다.

이 모든 것을 우리의 부모님의 탓으로 돌리고 원망만을 쏟아놓을 수 없는 이유는 우리의 부모님도 그 자신의 부모로부터 지혜롭고 따스함이 느껴지는 진정한 사랑을 받은 경험이 부족하였기 때문입니다. 여러분도 아시다시피 자신이 경험해 보지도 못했고 배우지도 않은 것을 가르친다는 것은 매우 어려운 일입니다.

아이들은 감정으로 생각한다

유아기나 아동기의 아이들이 세상을 이해하는 인식체계에는 왜곡과 오류가 많은데 아이는 배가 고플 때나 욕구가 충족되지 않을 때 허기나 불편함으로 느끼는 것이 아니라 누군가가 자신에게 고통을 주고 불쾌하게 하려는 의도로 느끼게 됩니다.

유아기에 돌봄의 부족이 평생 그 아이에게 어떤 영향을 미치는데 그것은 한 인간의 핵심 정서가 유아기에 정착되기 때문일 것입니다. 이러한 핵심 정서는 그 사람을 구성하는 근본적인 감정 에너지이며 인생을 살아가게 하는 힘의 기본 뿌리로 형성되는 것입니다.

굳이 어려운 전문용어를 쓰지 않는다고 하더라도 갓 태어난 아이의 입장에서 규칙적인 우유와 배설물의 처리, 그리고 적당한 온도와 스킨십이 제공되지 않는다고 상상해 보세요. 그 아이는 본능적으로 세상을 매우 불쾌한 곳으로 느끼게 될 것입니다.

갓 태어난 아기의 인지체계는 하얀 백지와 같은 상태입니다. 아이가 발휘할 수 있는 능력은 오직 오감(五感)과 본능(本能)뿐입니다. 그 오감과 본능의 힘만으로 세상을 받아들이기 때문에 무의식 속에 쾌감이나 불쾌감으로 입력이 되는 것이지요.

또한 갓 태어난 아이뿐만 아니라 어린 아동들도 생각하는 힘이 약하기 때문에 자신의 감정과 느낌으로 세상을 받아들입니다. 생각이라는 거름망이 발달하지 않는 시기이므로 물을 빨아들이는 스펀지처럼 세상의 느낌들을 주는 대로 무의식 속에 입력해둡니다.

만약 아이가 슬픔과 분노를 느꼈을 때 그 감정을 수용 받지 못하게 되면 아이는 감정적으로 버려지는 느낌을 받게 되고 규칙적인 돌봄을 받지 못하게 될 때에는 세상에 대한 불신감으로, 인간의 본능인 공격과 파괴하고 싶은 욕구가 있을 때 부모가 부드럽고 너그럽게 다루어 주지 못하면 그 공격이 되돌아와 곧 복수 당할 것 같은 무의식적 불안이 생기게 되는 것입니다.

아이의 불쾌감은 마치 이 세상이 자신을 몹시 불쾌하게 만드는 곳이라는 느낌으로, 부모나 주요 인물들로부터 받은 감정적 박탈을 마치 실제 존재의 박탈로, 아이가 공격성을 드러내었을 때 돌아온 꾸중은 피학적 성격으로, 이렇게 과거에 불쾌했던 경험에 대한 기억은 감정적인 느낌으로 무의식이라는 저장고에 서서히 가라앉습니다.

어른이 되어도 감정은 아이

이러한 유아적인 인식의 잔재들은 그 감정의 실체를 객관적으로 바라보는 점검의 과정을 거치지 못하게 된다면 성인이 된 이후에도 사라지지 않습니다. 그런 유아기적 감정이 그대로 남아서 성격의 일부가 되는데 이것은 현실을 바르게 인식하는 데 장애를 일으키게 되어 성숙한 어른으로 가는 길을 방해하게 됩니다.

이렇듯 우리가 태어나 유아기, 아동기, 사춘기를 거쳐 성인이 되기까지 경험한 많은 과거의 사건들은 실재하는 현실을 바탕으로 입력된 것이 아닌 매우 주관적인 감정과 인식을 바탕으로 세상에 대한 나름대로의 정의를 내려오며 살아왔다고 할 수 있습니다.

'나'라는 인간에 대한 올바른 이해를 위해 인간의 심리적 특성과 발달에 대해 알아야 하는 것은 바로 이러한 이유에서입니다.

이렇게 치유되지 않은 불안과 공격성이 정제되지 않은 채 무의식에 고스란히 남아 있게 되고 인간관계 속에서 그런 부정적 감정이 제멋대로 튀어 올라오는 것을 막아두기 위해 늘 예민한 긴장 속에 살아가게 됩니다. 내면의 부모 역할을 하는 초자아가 그런 유아적인 행동과 감정들을 허용하지 않기 때문에 살아가는 게 살얼음판 걷듯 온몸에 힘이 들어가고 마음은 조심스러워지는 것입니다.

사람들과의 관계 속에서 받는 스트레스는 사람들과 멀어지게 할 수밖에 없고, 가족 내에서 이루지 못한 사랑과 치유를 받기 위해 세상으로 나아가 성취를 추구하는 방향으로 살아가기를 결심하기도 합니다.

이런 이유로 사회적 성공이나 성취를 크게 이루어내는 경우도 있습니다. 하지만 인간관계의 문제는 사회적 성취로 대체되지 않는다는 것이 문제입니다. 관계의 문제는 관계 속에서 풀어내어야 하니까요.

사실상 우리가 살아가는 '현실의 세상'이란 부모의 대용으로 기댈 수 있는 보살핌과 사랑을 주기는커녕 자신이 겨우 버티어 온 조그만 기력마저 빼앗아 가기 일쑤입니다. 그런 냉정한 세상으로부터 또다시 좌절을 겪게 된다면 그 상처는 너무 깊어져 다시는 사람들에게 정을 주지 않으리라고 맹세하게 될지도 모를 일이죠.

어릴 적 심리적 독성은 열등감을 만든다

원했든 원치 않았든 가정이나 사회에서 학대받아 마음에 독(毒)을 입은 아이는 자신에게 상처를 입히는 부모에게조차 충성심과 애착을 가지는데 그들 사이의 유대관계는 끈끈하게 지속됩니다.

그것도 그럴 것이 아이는 생존을 위해 본능적으로 부모의 성향에 가장 적합한 상태로 자신을 변화시키고 그 환경에 적응하려 하기 때문입니다. 이렇게 자신을 바꾸지 않으면 평화롭게 살아갈 수 없었던 가정환경 때문에 그 사람의 삶의 방식에는 특정한 습관이 만들어지게 되고 그 사람을 정의하는 성격이라는 틀로 굳어지게 되는 것이지요.

이런 독성을 먹으며 가졌던 부모-자녀의 유대관계 방식은 세상과 관계를 맺는 과정에서도 아이가 자기를 헤치는 쪽으로 살아가도록 하는 나침반이 만들어지기에 매우 안타까운 일이 아닐 수 없습니다.

한마디로 부모와의 관계에서 맺었던 과거의 방식 그대로가 익숙해져 현재의 삶에서도 무의식적으로 재현(再現)한다고 하는 것이 더 이해가 쉬울 것 같습니다. 그 관계가 독이 된다고 할지라도 그런 방식이 편하게 느껴지기 때문에 습관적으로 과거의 방식으로 살기를 택하는 것, 그렇게 그 사람에게 운명의 틀이 어느 정도 만들어지게 되는 것입니다.

우리가 어릴 적 받은 보살핌에 독성이 강하면 강할수록 삶에서도 독성의 침해를 많이 받게 되는데, 삶의 모든 문제가 자신이 상처받고 괴로운 쪽으로 기울어가고 과거의 패턴을 반복하려는 어떤 자동 기제가 작동하게 되는 것입니다.

이렇게 유아기에 형성된 부적응적인 특성이 청소년기, 청년기가 될 때까지도 치유되지 않는다면 그것은 독성을 가진 성격이 되기 때문에 세상의 모진 망치질을 맞으며 살아갈 수밖에 없는 모난 돌이 되는 것이지요.

세상살이에 부적합한 성격 때문에 불안과 우울, 무기력이 그를 대표하는 기본적인 감정이 되어 버리고 그런 부정적인 감정으로부터 살아남기 위하여 외부의 것(애인, 돈, 아름다움, 학벌, 명예 등)을 추구하며 한참을 정신없이 돌아다니게 될 수도 있습니다. 그런 삶에 지치게 되거나 그러한 것들의 추구에도 이골이 날 때쯤이면 그나마 남은 의욕을 제공했던 삶의 목표에 대한 열정도 시들해지게 되지요.

살아가는 이유라 생각했던 무엇을 향한 추구가 멈추고 나면 반복되는 일상의 일들에 의욕이 나질 않고 무기력해져 혼자 있고 싶어 한다거나 조그만 좌절과 상처에도 예민하게 구는 성격으로 점점 바뀌기도 합니다.
앞에서도 언급했듯 보살핌과 사랑을 바라는 마음으로 시작된 관계는 오히려 자신을 위험에 빠뜨리게 하고 기력을 더 빼앗아가기 때문이지요.
그들의 공허감은 아무리 채워도 채울 수가 없으며 당연히 그 공허감은 그렇게 무언가를 채우는 방식으로는 치유가 이루어지지 않습니다. 항아리에 구멍이 뚫리게 되면 물을 아무리 많이 가져다 부어도 그 항아리에는 물이 채워질 수가 없듯이 우선 중요한 일은 구멍을 막아야 한다는 것과 같은 의미가 됩니다. 많이 가지고 많이 소유해야 정신이 건강하고 행복해질 수 있다는 등식이 성립하려면, 세상에서 가장 많이 가진 사람들이 정신적으로 가장 행복하고 건강해야 하니까요.

잃어버린 사랑을 찾아

공허감으로 허기진 마음을 무언가로 채우기를 다짐하게 된 사람은 세상의 사랑을 받기 위해, 아니 좀 더 정확히 말하자면 부모에게서 받지 못한 바로 '그 사랑'을 받기 위해 가장 완전하다고 느껴지는 이상적(理想的)인 자기상(自己像, self-image)을 만들어내고 그 이상에 도달하기 위해 발버둥 치게 됩니다.

그러한 이상적인 목표는 한마디로 '이상(理想)'이기 때문에 이상적 기준을 중심으로 현실의 자기를 바라보게 되면 그 모습이 어설프고 초라하기 짝이 없이 수치스럽게 느끼게 됩니다. 그렇게 되면 이상(理想)에 못 미치는 자신에게 모진 채찍질을 하며 살아가는 사람이 될 수밖에 없습니다.

자신의 이상적 자기상에 현재의 자기를 구겨서라도 쑤셔 넣으려는 삶의 목표는 불필요한 열등감과 죄책감을 유발하게 됩니다. 이런 과정에서 상상으로 만들어진 왜곡된 자기상(自己像)에 도달하고자 아등바등 살아가게 되는데, 좀 더 쉽게 얘기하자면 세상의 사랑을 받기 위해 진짜 자기로 살아가지 못하게 되고 멋져 보이는 자기로 살아가기로 결심하게 되는 것이라 할 수 있습니다.

여기서 느낄 수 있는 것은 멋져 보이는 자기는 매우 비현실적인 환상(幻想)일 뿐이라는 것입니다. 자기 자신을 실제로 멋지다고 느낀다면 왜 멋져 보이려 하는 노력에 집착하는 것이겠습니까?

사랑을 받기 위해서 이상(理想)적인 사람이 되어야 한다는 비현실적인 목표를 설정하게 되고 자신의 못난 모습이 들통날까 봐, 솔직한 자기를 감추고 살아가려 하는데 여기서 그들의 근본적인 어려움이 만들어집니다. 이상적인 자기상의 희생양이 되어 버린 실제의 자신을 비유하자면 집주인이 안방을 가축에게 내어 주고 정작 자신은 마구간에서 살아가는 인생이 되는 것이나 마찬가지입니다.

한 인간으로서 마땅히 존중받아야 할 자신에게는 희생을 강요하게 되고, 있는 그대로의 존재를 드러내지 못하는 불편함을 감수하고도 도달하고자 하는 그 이상적 인간이라는 목표는 과연 누구를 위해 만든 이상(理想)이란 말인가요?

이상(理想)에 도달해야만 한다는 결심으로 인해 그는 매우 비현실적으로 살아가게 되는데, 마음 곳곳에 깔린 왜곡된 감정과 생각이 자신이 처한 현실을 객관적으로 볼 수 없게 할 뿐입니다.

이러한 노력은 나를 위한 진정한 노력이 아닙니다. 이렇게 '헛똑똑이'가 되어 최선을 다해 열심히 산다고 해도 인생이 좀처럼 풀려나가지 않는 것은 당연할지도 모릅니다. 예를 들어 악의 없이 한 행동이 엉뚱한 결과를 가져오고 사기나 모함을 당하거나, 정신이 잘 차려지지 않아 물건을 분실하며 남에게 좋아 보이는 일을 해내느라 정작 나를 위해 쓸 에너지는 없어져 버리는 것입니다.

나만의 결이 살아 있는 인생

자신의 진정한 사랑은 더 이상 부모에게도 연인에게도 아닌 바로 지금-여기 세상에 발을 딛고 있는 '나'로부터 생겨난다는 그 사실을 믿어야 합니다. 내가 나의 지원군이 되어 주지 않는다면 과연 누가 나를 진정으로 지원하고 격려할 수 있을까요?

치유를 위해서 우리가 거쳐야 할 몇 가지 과정이 있습니다. 그 첫 번째는 스스로 나쁘게 평가하고 질책했던 자신의 어떤 측면을 있는 그대로 수용해 주는 것입니다. 비난이나 자책, 판단을 멈추고 그냥 그대로 바라보고 수용하십시오. 그리고 어릴 적부터 형성되어온 약자의 생존방식인 방어적인 태도를 거두어 내는 것입니다. 어른이 된다는 것은 방어가 아니라 책임을 지려는 태도와 용기입니다. 그리고 다시 한 걸음씩 세상을 향해 나아가길 바랍니다. 수용과 용서, 이해가 바탕이 된 자신의 지원군과 함께 현실이라는 세상 속으로 뚜벅뚜벅 걸어가는 것입니다.

자기를 존중하고 살아간다는 것은 자신만의 개성적인 무늿결을 기꺼이 드러낸다는 것이기도 합니다.

자신만의 결이 있는 인생, 자신만의 개성이 드러나는 그 결은 어떤 공장에서 하루에도 수천 개씩 찍어내는 복제품이 아닌 이 세상에 단 하나밖에 없는 아름다운 자연의 무늬가 될 것입니다. 그리고 나는 나에게 세상에서 제일 마음이 잘 통하는 친구가 되어 주어야 합니다. 이렇게 험난한 세상살이에서 그 누가 나를 비난하고 평가절하한다 해도 '나'만큼은 '나에게' 최고의 친구이며 최후의 동반자가 되어 주어야 하지 않을까요? 실제로도 나의 인생의 최후인 죽음에까지 함께하는 사람, 그 단 한 사람은 바로 '나'뿐입니다.

"인간이 획득할 수 있는 가장 고결한 행동은
이해하기 위한 배움이다. 이해하면 자유로워지기 때문이다."

— 스피노자(Baruch de Spinoza) —

겨울의 황량한 벌판 앞에서도 함부로 아무것도 없는 황량함이라 말할 수는 없습니다. 아무것도 없고 아무 일도 일어날 것 같지 않은 이 벌판에도 곧 봄이 올 것을 믿고 있기 때문에 우리는 그 겨울 벌판을 보고 절망하지는 않기 때문이지요. 우리의 인생살이가 한겨울 벌판처럼 꽁꽁 얼어붙어 있다 하더라도 곧 인생의 봄이 올 것이라는 믿음이 있다면 절망보다는 꽃피울 준비를 위한 치유의 길을 택해야 할 것입니다.

누군가의 도움이 필요하다고 느끼는 순간이 치유를 위해 한 발 내딛기에 좋은 시작이 되지 않을까요? 야속한 말처럼 들릴지 모르겠지만 늘 그랬듯이 자신에게 고난이 닥쳐온 그때가 바로 성장(成長)의 기회가 되는 전화위복(轉禍爲福)의 순간이니까요.

자신의 인생에서 고난을 맞이하게 되면 불안과 충동, 슬픔과 우울의 감정 탓에 마음이 송두리째 마비되어 사람들이 으레 웃고 떠들고 하는 보통의 삶이 야속히 보이게 됩니다. 내 삶이 벼랑 끝에 몰리든지 말든지, 힘에 겨워 죽든지 말든지 상관도 없이 라디오에서는 화창한 날씨 타령에 공원마다 사람들이 북적서립니다.

그런 보통의 사람들이 마치 생각도 미래도 없이 살아가는 것처럼, 또는 그들이 잔인하게조차 느껴지는 것은 나와 그들 사이의 감정의 온도 차이에서 온 현기증 때문일 것입니다.

심리적인 문제가 환경의 요인으로 비롯되었다면 오히려 해결은 쉽습니다. 환경을 바꾸려고 노력하거나 그 기대를 낮추는 것으로 해결될 수 있기 때문이죠. 하지만 이 어려움의 시작이 성격적 요인으로 출발하였다면 그 뿌리는 매우 깊다고 할 수 있습니다. 그런 이유로 인해 진실한 나를 찾기 위한 근본적인 개선과 치유는 수년이 걸릴지도 모를 기나긴 여정이 될 수도 있습니다.

자신을 찾아 떠나는 여행길을 실제 떠나는 어떤 휴가 여행으로 한번 비유해 볼까요? 스케줄이 잘 짜인 비싼 패키지여행에서는 돈의 가치만 큼이나 좋은 서비스와 편안함, 간편함을 제공받게 됩니다. 가이드가 시 키는 대로 졸졸 따라다니기만 하면 되기 때문에 복잡하게 생각할 필요 도 없이 그저 즐기는 마음 하나만 들고 가면 충분하겠지요? 하지만 아 무것도 없이 무일푼으로 떠나는 무전여행을 가게 된다면 고가의 패키지 여행과 비교할 수 없는 어려움늘이 생깁니다.

신체적으로 힘에 부치고, 많은 사건과 사사로운 문제 해결들로 인해 그야말로 피곤한 여행길이 될 것입니다. 하지만 고가의 여행에서는 겪 어 볼 수 없었던 값진 경험은 사실 돈으로 바꿀 수 없는 가치를 지닙니 다. 그리고 시간이 훌쩍 지나 그 여행에서 찍은 사진을 보게 되는 날이면 오히려 입가에 미소를 띠게 만드는 소중한 추억이 되어 있을 테니까요.

삶의 여행도 마찬가지입니다. 역경을 극복하고 이겨낸 경험들은 그가 한 인간으로 인생 전반에 대해 어려운 트레이닝을 훌륭히 완수하고 강 인한 사람으로 살아갈 수 있는 능력을 가지게 되었다는 것을 의미합니 다. 또한 이렇게 굽이굽이 돌아온 고난의 인생길 덕분에 타인의 어려움 에도 깊이 공감할 수 있는 멋스러운 사람이 되어 있을 테니까요.

우리 자신을 찾기 위한 마음의 여행을 준비하면서 어떤 어려움이 닥쳐도 중도에 포기하지 않겠다는 각오로 시작한다면 그 과정은 고통이 아니라 오히려 행복한 성장의 길이 될 것입니다.

내 마음 안에서 답을 찾다

행복한 삶을 위해 우리가 갖추고 싶어 하는 것들이란 현대인에게 매우 공통적인 바람일 것입니다. 돈이나 명예, 학벌, 음식, 쇼핑, 연애 그 외의 나의 마음을 빼앗기게 하는 많은 것들이라 해도 좋을 것입니다. 솔직히 그 누구에게 물어본다고 하더라도 그런 물질적인 것들, 쾌락을 주는 것들은 인간의 삶을 풍요롭게 하는 데 도움이 된다는 사실을 거부하지 못합니다.

수도 없이 널린 문명의 이기들은 분명 우리에게 편리함과 기쁨, 즐거움, 위안, 안전을 가져다줄 수 있습니다. 하지만 가지고 또 가져도 문득 뼛속 깊이 스며드는 공허감과 불안함, 우울은 어떻게 설명할 수 있을까요? 이것은 어디서 오는 것이며 어디가 끝일까요? 인생은 원래 이렇게 공허한 것일까요?

우리는 정말 진정한 행복감 속에서 현재를 만족한 채 든든히 살아가기가 참 어려운 것 같습니다. 그래서 우리는 늘 열심히 '달리는' 삶을 선택하는지도 모를 일입니다. '달리고' 있는 동안에는 열심히 살고 있다는 위안도 얻게 되고 불안함과 공허함을 잠시 미뤄두는 효과도 볼 수 있으며, 오히려 그런 노력으로 인해 무언가 쟁취하는 순간에는 행복감을 느끼기도 하니까 말이죠.

게다가 그런 사회적 성취를 쟁취해내는 이들을 부러워하고 그들의 강인함에 박수를 보내기도 하지만, 사실 그들에게 '당신은 진정으로 행복한가?'라는 물음을 던진다면 어떠한 대답이 돌아올지 의문이 들기도 합니다.

행복하기 위해서 늘 달려야만 한다면 그 얼마나 피곤한 인생일까요?

너 자신을 알라

소크라테스의 유명한 명언이 있습니다. 바로 '너 자신을 알라'라는 말인데, 독자분들도 아시다시피 이 말의 의미는 '자신이 어떤 직업을 가졌으며 이름은 무엇이고 재산이나 학벌이 어느 정도냐'라는 표면적인 자기 이해를 말하는 것은 아닐 것입니다. 표면적인 '자기'라는 사람에 대한 인식은 굳이 정신분석이나 심리학을 들먹이지 않아도 쉽게 발견할 수 있는 것들이죠.

하지만 '진짜 나'에 대한 정보는 억압되고 회피된 묵은 감정들로 인해 대부분 기억나지 않는 채 버려져 있습니다. 무성하게 자란 잡초들로 인해 '나'라는 나무는 정작 실체가 잘 드러나지도 않고 성장도 방해받고 있는 것입니다.

바쁘게 달려온 인생길에서 해결되지 않는 여러 가지 감정적인 문제들을 묻어두고 살아가지만, 현실 생활에서 과거에 겪었던 것과 비슷한 종류의 상황에 노출 되면 특유의 예민함을 발견하기도 하는데 그 순간 미처 치유되지 못한 그의 아픈 상처를 짐작하게 되는 것입니다.

나에게 치유되지 않은 상처가 남아있다는 것을 알았다면 치유를 해야 합니다. 대수롭지 않게 여겨 대충 덮어둔 치유되지 않는 심적인 상처는 그 사람의 정신면역력을 지속적으로 약화시키고 쉽게 병들게 하기 때문입니다.

어떤 상처들은 밴드만 붙여 놓고 시간이 좀 지나면 치유가 되지만, 어떤 상처는 너무 깊이 파인 데다 긴 세월 동안 돌보지도 않아서 암 덩어리처럼 자신의 생명과 정신적 삶을 갉아먹고 있는 상태로 버려져 있습니다.

만약 수술이 필요한 질병에 걸렸다면 고통이 따르더라도 살을 도려내는 아픔을 감내해야 할 때가 있지 않던가요? 그 이유는 그것만이 진정으로 건강한 삶을 살 수 있는 근본적인 대책이 되기 때문입니다.

크고 깊은 상처에 밴드만 붙여두는 것은 자신의 삶에서 도망가는 행위이며 자신의 삶을 소중히 여기지 않는 나쁜 습관이기도 합니다. 하지만 더욱 문제가 되는 것은 대부분의 사람들이 자신의 상처를 인지하지 못한 채 살아가기 때문에 병도 상처도 키우는 꼴이 되어 버리는 것이지요.

몸에 상처가 났다면 쉽게 인식할 수 있지만 마음에 난 병은 상처 입은 사실을 알기도 어렵고 언제 어떤 이유로 어떤 문제를 일으키는 상처를 입게 된 것인지도 잘 인식되지 않기 때문에 치유의 시기를 자주 놓치게 됩니다.

바쁘고 가파르게 흘러온 인생의 시계에 맞춰 살아가기 위해 어쩔 수 없이 맘속에 쑤셔 넣었거나 이해되지 않은 채 덮어두었던 여러 가지 감정과 갈등은 삶의 찌꺼기와 응어리가 되어 그대로 곪아갑니다.

상처가 겹겹이 쌓여 가슴이 답답해지면 비현실적으로 과도한 두려움과 방어적인 태도로 겨우겨우 시간 때우듯 살아가게 되거나 세상의 모진 회초리를 맞을 때마다 엉뚱한 것들을 향해 '탓'의 꼬리표를 붙이고 원망만 하고 싶어지지요.

누구나 그렇듯이 자신의 인생에서 홀로 설 기력이 줄어들면 도와줄 사람을 간절히 바라게 되거나 나의 의욕을 불 질러 줄 거창한 목표가 필요해지기 마련입니다. 하지만 이 바람은 금세 좌절되고 다시 세상에 대한 원망, 나에 대한 원망, 타인에 대한 원망을 부르기 마련이지 않던가요? 이렇게 쌓여온 세상에 대한 불신은 외로움과 고립으로, 또 외로움과 고립은 다시 현실의 부적응을 부르는 악순환의 인생이 되어 버리고 마는 것입니다.

몇 번의 상처도 없이 살아가는 사람이 어디 있을까요? 몇 번이 아니라 인생에서 일어나는 대부분의 일들이 내 맘대로 되지 않는다는 것, 그것이 바로 진리입니다. 어쩌면 어린 왕자의 이야기에 나오는 장미꽃에게 씌워준 유리막처럼 완벽하게 통제된 환경과 완벽하게 정제된 양육을 받았다면 아마 최악의 경험이 되었을 것입니다.

　우리가 실제로 한평생 살아가야 할 이 세계는 진창 속과 같이 매우 불완전하고 복잡합니다. 예상컨대 그러한 유리막 같은 환경에서 자라왔다면 현실 세계에 전혀 적응할 수 없도록 키워진 것이나 다름없을 것입니다.

　어쩌면 다양한 상처를 골고루 받고 자라 온 과거를 감사해야 할지도 모를 일입니다. 신체로 비유하자면 여러 가지 고난을 겪으며 살아온 덕분에 감기 정도는 약 없이도 견딜 정도로 정신적 면역력과 근력이 단단해졌으니 그런 상처들도 또한 나의 스승이나 다름없습니다.

냉정과 열정 사이

"참으로 사는 첫걸음은 자신을 속이시 않는 것이다."

– 성철 스님 –

원불교 사전에는 이러한 말이 있습니다.

"두 극단을 떠나 한편에 치우치지 않는 공명한 길. 불교에서는 유(有)나 공(空)에 치우치지 않는 진실한 도리, 또는 고락의 양편을 떠난 올바른 행법을 중도(中道)라고 한다. 불교에서 밝힌 참다운 수행의 길. 양극단에 치우치지 않는 중정(中正)의 도이다."

삶을 대하는 자세에서 뜨거움과 차가움의 적당한 균형을 유지할 수 있는 사람들은 참 편안하고 안정적인 느낌을 줍니다. 이러한 안정감을 유지하는 것이 행복한 인생을 살아가는 데 중요한 요소라는 것을 누구나 알고 있지만 일에서든 사람관계에서든 과연 어디쯤이 냉정과 열정 사이의 적당한 부분일까요? 정확히 생각나지는 않지만 비슷한 오프닝 멘트를 라디오에서 들은 적이 있는데 퇴근길에 들리는 남자 성우의 낮은 목소리와 붉은 노을이 어우러져 그 단어 하나하나가 가슴에 방울처럼 맺히더군요.

균형을 잡는 게 서툴러서 냉정을 쫓아 살아가기도, 열정을 쫓아 살아가기도 하는 나를 발견하며 '너도 아직 멀었다' 했던 것 같습니다.

일상에서 맞이하는 많은 관계들 속에서 때로 우리는 적당한 균형을 알지 못해 주저하기도 하고 안다 하더라도 그 순간 균형을 잃어버리기도 하며 살아가기 일쑤입니다.

어느 정도의 지점이 좋은 사람이며 좋은 삶이며 적당한 거리일까요? 어쩌면 우리가 살아가면서 맞이하는 많은 관계에서 냉정과 열정 사이를 왔다 갔다 하며 줄을 타는 무예처럼 균형 잡기 연습을 하며 살아가는 것일지도 모르겠습니다. 그러한 과정에서 인생살이에 필요한 자잘한 근육들과 기술이 단련될 것이니까요.

균형을 잡기 위해

안정적으로 균형을 잡기 위해 기를 쓰고 통제한다는 것은 몸과 마음에 힘이 잔뜩 들어간 모습인데 안정감을 위해 불안정한 모습으로 살아가게 되니 아주 아이러니한 모습이 펼쳐지는 순간이라는 생각을 합니다.

이것은 마치 우리가 자동차를 운전할 때 브레이크와 가속 페달을 동시에 밟고 있는 것처럼, 인생의 속도는 그 소비되는 시간과 비용에 비해 답답한 공회전 속에서 많은 것을 낭비시키고 정작 앞으로 나아가지는 못하는 원리가 아닐까요?

그런 자세를 취하게 되는 이유는 균형을 잃을 것이 몹시 불안하다는 것인데 불안하다는 것은 그것을 잘 해낼 자신감이 없다는 것과 같은 의미이기도 하겠지요. 또한 이런 불안의 밑마음은 그 일을 잘 해낼 수 있을지 믿을 수 없다는 자기 불신 때문이기도 하고 어쩌면 균형을 잃어 실수하게 되면 그에 따르는 실망감과 좌절감을 받아들이기가 너무 힘들다는 뜻이기도 할 것입니다.

둘 중 어떤 이유가 그에게 더 불안을 일으키고 있는지는 알 수는 없지만 아이러니하게도 완벽과 통제를 추구하는 자신만만한 태도와 의욕적인 추구의 이면에는 잘 해낼 수 없을 것 같은 불안한 마음과 좌절감을 두려워하는 연약한 마음이 있다는 것은 의외이기도 합니다.

더 나아가 자신뿐만 아니라 타인까지도 통제하고픈 강렬한 욕구가 생겨나는데, 살아가는 동안 해결해야 할 여러 가지 문제들이 타인과의 관계에서도 또한 얽혀 있기 때문이지요. 가까운 가족에게 부족한 부분이나 불완전해 보이는 부분을 발견하게 되면 불편한 감정을 넘어서 어마어마한 분노가 생겨납니다. 그것도 그럴 것이 자신도 스스로를 믿지 못해 아슬아슬하게 살아가고 있는데 곁에 있는 사람마저도 불안정한 모습으로 불안을 일으키니 분노와 좌절이 한꺼번에 올라와서 격노하게 되거나 또는 그 참담함 때문에 무기력해지고 마는 것입니다.

이때의 무기력과 격노는 그가 애초에 잡아 오던 균형 유지를 위한 방식이 얼마나 깨지기 쉬운 본성을 가지고 있었는지 알 수 있기도 합니다. 힘이 잔뜩 들어간 상태로는 오랜 시간 같은 자세를 유지하기 힘들다는 것이 어쩌면 당연한 원리일 수도 있으니까요.

완벽을 위해 희생되는 것들

무엇을 할 때 완벽한 결과가 돌아오길 바라는 마음으로 살아가다 보면 인간에게 일어나는 여러 감정을 처리하는 데 큰 어려움을 겪게 됩니다. 두더지 게임처럼 이리저리 튀어나오는 감정들이 너무나도 불편해서 이런 자연스런 감정조차도 어떤 규칙 속에 넣고 싶어지는 바람이 생기게 되는 것이지요.

감정이 배제된 상태에서 내려지는 결정이 합리성과 논리성에 기반하기가 쉬워진다는 것은 어느 정도까지 사실입니다. 하지만 중요한 것은 그 선택의 기준인데, 그러한 감정을 배제한 채 완벽을 추구하며 계산만으로 내리게 되는 선택은 대부분 이기적인 의도가 중심에 서게 됩니다. 하지만 이것은 합리성이라는 이기심의 가면을 쓴 완고하고 독선적인 방식이 되는 것이지 완벽의 추구가 공동체의 풍요, 사랑과 행복이라는 길과 관계가 없다는 것이 문제입니다.

완벽한 삶을 추구히며 살아가다 보면 사람들과 정을 나누는 것을 어려워하고 정을 주지 않으므로 복잡한 감정에 얽매이지 않으려 하게 될 수도 있습니다. 그것도 그러할 것이 사람들과 관계를 맺고 정 나눈다는 것은 서로의 개성을 수용하고 받아들인다는 것인데 그런 다양한 인간적인 특성을 수용하기엔 불완전한 것을 두려워하는 사람의 입장에서는 너무도 많은 변수를 감안해야 하므로 어려운 도전이 되어 버리기 때문입니다.

모두가 알다시피 인간의 여러 특성 중에 감정이라는 것만큼 균형을 한순간에 무너뜨려 버리는 것도 없지 않던가요? '공든 탑이 무너지랴'라는 속담이 있긴 하지만 한 번의 감정 폭발로 인해 인간관계, 사회관계를 한 방에 끝내본 기억이 있는 사람은 자신의 감정이 인생 최대의 적이 되어 있을지도 모르겠습니다.

그러한 이유로 완벽을 추구하는 이들에게 감정이란 정말 쓸모없고 불편함만 끼치는 요소가 아닐 수 없습니다. 그래서 이들이 감정적이 되지 않기 위해 선택하는 감정처리 방법 중 하나가 그냥 그 감정을 순식간에 억눌러 버리거나 감정을 무시한 채 재빠르게 '아닌 척'하는 가면을 뒤집어쓰는 것입니다.

사실 이렇게 완벽을 추구하는 태도는 사회적인 일들을 처리하는 데는 상당한 장점을 가지고 있기도 합니다. 회사 내에서나 일을 함께 추진하는 동료들은 이들을 믿을 만한 사람들로 기억하는데, 약속을 잘 지키고 책임을 완수하는 모습들에 성공적인 사회인으로 인정받으며 살아가게 되니까요.

우리가 사회인으로서 처리해야 할 복잡한 일들은 완벽한 체계에 가까우면 가까울수록 일을 효율적으로 처리할 수도 있고 생산성도 확대되는 게 사실입니다. 하지만 문제는 사회든 가정이든 인간관계에서 발생하게 됩니다.

쉬고 싶다

주변에 '완벽주의'라고 불리는 사람이 있는가요?

그들의 철저한 모습들은 아주 독립적이고 강인해 보이지만 이러한 규칙과 통제라는 버팀목의 힘으로 살아온 시간이 많아질수록 균형 잡기에 필요한 마음의 유연한 근육들은 지속적으로 약화되었기 때문에 더욱더 통제적인, 더욱더 확실한, 완벽한 무언가를 쫓아가지 않을 수 없게 되는 것입니다.

자꾸만 약해지는 연약한 내면을 보호하기 위해서 점점 더 갑옷 같은 것이나 로봇 같은 종류의 단단한 느낌을 주는 요소를 자신의 인격에 가져다 붙이고 싶어지는 것일지도 모르겠습니다. 하물며 의지(意志)로 해낼 수 없는 것조차도 힘으로 밀어붙이는 과욕(過慾)을 부리게 되기도 합니다. 그렇게 별명이 붙은 사람들은 대부분 꼼꼼하고 성취에 목말라 있으며 무언가 통제하고 규칙을 세우는 것에 집착하게 되지요.

무엇엔가 쫓기는 사람처럼 살아가는 이들은 자신의 감정을 들여다볼 여유도, 타인의 감정을 들여다볼 여유도 없이 살아가며 여가도 일처럼 보내는 사람들입니다.

간만에 휴가라도 떠나게 되면 스케줄이나 준비물을 마련하는 데 정열을 다 써버리고 휴가지에 가 있는 동안에도 기상 시간, 식사, 이동 시간들이 지켜지지 않으면 매우 불편해서 한마디로 휴가가 아니라 '휴가'라는 '일'을 하러 간 사람처럼 편안히 즐기지를 못합니다.

그들의 요구조건에 맞추려면 함께 하는 사람들도 끊임없이 눈치를 보아야 하고 그의 말이 틀린 것도 아니기 때문에 그렇게 노력하고 맞춰보려 애를 써봅니다. 하지만 눈치껏 노력한다 해도 자기 방식을 고집하는 까다로운 틀에 어긋나기 십상이지요.

이들이 일상에서 입에 붙이고 다닐 정도로 하는 말이 있는데 바로 '쉬고 싶다'입니다. 하지만 휴가를 가서도 쉬지 못하는 것을 보면 그들의 문제는 쉬지 못해서가 아니라 계산을 멈출 수 없기 때문이 아닐까 하는 생각이 듭니다. 여기에는 인간적인 관계도 없고 인생의 여백도, 좋은 삶도 없습니다.

내가 너무 싫은 사람들

완벽을 추구하는 이들의 끝도 없는 불만족의 근원, 철저히 통제하고 싶은 욕구의 근원은 사실 그들이 자신에게 만족하지 못하고 있기 때문입니다. 자신이 무언가를 열심히 하고 있어도 여전히 못나 보이고 또는 그렇게라도 하지 않으면 마치 자신의 가치가 바닥에 곤두박질칠 것 같은 내면의 불안이 그들이 더욱 철저하도록 잔소리를 하는 것입니다.

사소한 것에 목숨을 거는 완벽에의 집착은 그 대상이 사람이든 일이든 물건이든 불완전한 부분과 흠집을 찾기에 눈독이 오르게 되니 늘 불민이 생기는 것이 당연한 논리가 되는 것 같습니다.

자신을 바라볼 때도 단점을 확대경으로 들여다보는 감시자의 눈으로 바라보게 되니 당연히 열등감은 날이 갈수록 부풀어 오르고 자신을 세상에 당당히 서게 만들 자존감은 맘속 구석진 곳으로 구겨 넣어져 더욱 초라하고 불안하게 만들고 있을 테니까요.

우리 인생살이가 그렇듯 언제든 예상치 못한 무언가가 불쑥 올라오기 마련입니다. '털어서 먼지 안 나는 사람 없다'라는 말처럼 자신의 기준을 그토록 완벽하게 정해 놓으면 단점 한두 개 나오지 않을 사람이 어디에 있을까요?

완벽에 대한 바람이 아무리 간절하다 해도 애초에 그 원함 자체가 허구이기 때문에 인생의 경험들이 쌓여 갈수록 세상에 대한 배신감과 공허감은 커질 수밖에 없습니다.

이제껏 악착같이 노력하고 자신을 희생하며 살아온 것에 대한 보상심리까지 더해져 매사에 억울함과 원통함으로 고질병을 만들게 되는 것은 당연한 논리입니다.

언젠가 라디오에서 웃지 못할 에피소드를 들은 적이 있는데 지하철을 타고 가던 한 남성이 올린 사연이었습니다. 지하철의 옆자리에 앉은 남자아이가 게임기를 들고 혼신의 힘을 다해 게임을 하고 있는데 실력이 별로여서 얼마 해 보지도 못하고 자꾸 'GAME OVER'가 되는 것이었습니다. 그렇게 한 게임이 끝나 'GAME OVER'란 글자와 함께 노래가 나올 때마다 아이가 더 싱글벙글한 것을 보자 그 아저씨가 의아한 듯 물어보았다고 합니다.

"너는 'GAME OVER'란 말이 무슨 뜻인지 아니?"라고 했더니 아이가 "다시 하라는 얘기잖아요" 하며 웃더라는 것이었습니다.

그 아이의 천진난만한 웃음이 눈앞에 그려져 운전대를 잡은 채로 '흐흐' 하며 내 맘도 함께 싱그러워졌던 것 같습니다. 인생의 어려움이 닥칠 때에도 게임을 하던 그 아이처럼 안되면 다시 해 보는 가벼운 마음이라면 살아가는 동안의 문제들도 즐겁게 해낼 수 있지 않을까요? 너무 진지하게 살면 머리도 아프고 이마에 주름도 많아지니까 한마디로 좋을

게 하나도 없는 것 같습니다.

균형 잡기 전 중심 잡기

우리는 종종 감정의 양 갈래의 극단으로 향하게 되거나 '도' 아니면 '모' 식의 결정을 위해 결판을 내듯 어떤 결정들을 한 번에 몰고 가려 합니다. 이렇게 되는 이유는 바로 우리가 갈등 앞에서 매우 나약하다는 것을 말하는데 실제로 정신이 불건강할수록 애매모호한 것을 잘 견디지 못하는 것이 사실입니다.

'나는 확실한 게 좋아요'라고 표현되지만 사실 '저는 애매모호한 걸 견디지 못해요. 왜냐하면 불안하거든요'라고 해석해도 좋을 것입니다.

갈등이 생기는 순간에는 정말 심리적으로 불편합니다. 하지만 그런 불편함을 피하고자 그 갈등의 원인을 정면으로 미주한 해결책이 아닌 나쁜 방법으로 갈등의 존재 자체를 부정하거나 내적 둔감함으로 인한 가짜 평온을 유지시키려는 시도들은 맨얼굴로 살아가려는 우리의 본성에 울지도 웃지도 않는 화장을 자꾸만 덧발라 피에로처럼 살아가게 만듭니다.

내 맘은 늘 솔직하다

이제까지 우리가 평온하고 안정감 있는 삶을 살아가기 위한 방편으로 규칙과 틀 속에 가두어 균형 잡기를 시도해 왔다면 이제는 자신의 감정과 내면의 소리에 솔직한 자세로 마주할 때가 아닐까 합니다.

자신의 감정에 귀 기울이지 못하는 태도는 주체적으로 살아가야 하는 삶의 목적을 잃게 하고 타인의 인정에 목말라하면서 타인이 원하는 삶에 목표를 정하게 됩니다.

내면의 공허와 불안을 이기기 위해 성취를 이루려 열정적으로 빠지게 되는데 사실 그것이 무엇이든 간에 목표라는 것 자체가 살아가는 힘을 부여하기 때문에 때론 의욕적으로 사는 모습으로 비치는 것도 사실이죠. 하지만 이런 것이 인생의 목표가 되었을 때 그 에너지는 쉽게 방전되어 버립니다.

물질적인 가치의 추구가 표면적으로는 자기 이익을 중심으로 살아가는 행위로 보일 수 있으나 이것은 사실 지극히 타인 중심적이거나 물질 중심적이어서 생기는 문제라고 볼 수 있습니다.

사회적 성공을 추구한다고 하더라도 자신의 공허함과 인정욕구를 메우기 위함이 아니라 세상에 태어난 유일한 나라는 존재로서, 완전히 기능하는 사람으로서, 자신을 돕고 타인과 함께하기 위함으로의 성공 추구는 건강한 정신이 바탕이 되어야 가능하게 됩니다.

이것이 바로 쉽게 방전되지 않을 에너지를 받게 하고 인간으로서 충만감을 맛보며 살아갈 힘의 뿌리가 될 것입니다.

사람은 자연의 일부

완벽을 원하며 경쟁적으로 성취하고자 하는 마음이 세상살이에 비적응적인 이유는 그 원리가 자연의 원칙에 어긋나기 때문입니다. 만약 우리가 통과하기 어려운 외나무다리를 걸어간다든지 가늘고 긴 선을 밟고 걸어가야 할 때 새처럼 양팔을 펼치고 이쪽저쪽으로 왔다 갔다 한다면 차려자세로 걸어가는 것보다 훨씬 더 균형 잡기가 쉬워집니다.

두 팔을 펼친 새처럼 바람의 힘을 이용하고 그 바람을 타고 흐르듯 그렇게 균형을 잡아간다면 우리의 인생은 좀 더 유연한 여유가 생기지 않을까요?

여러분도 아시다시피 좋은 삶, 좋은 인생은 결국 사랑과 행복의 추구입니다. 울다가도 웃을 일이 생기고 사소한 다툼 속에서 삐뚤빼뚤하게 지내다가도 어떨 땐 또다시 둘도 없는 친구가 되기도 하는 것, 어떤 실패로 인해 절망 속에 허우적대며 다시 일어날 수 없을 듯 좌절하다가도 그 암흑 같은 밑바닥에서 오히려 내게 진짜 소중한 것이 무엇인지 보석 같은 가치를 발견하게 되는 것, 그것이 바로 인간관계이며 인생이니까요.

실수가 전혀 없는 것이 완벽한 삶이 아니라 실수를 하고 그 실수를 통해 깨달음을 얻어 한발 한발 나아가는 것이 완벽하게 인간적인 삶의 길이 될 것입니다.

실수투성이인 자신을 바라보고 격려해 주며 웃어 주는 것, 절망스러운 일이 일어나지 않게 완벽하게 준비하기보다 늘 깨어 있으면서 최선을 다하려 하는 것, 잘하기도 또 잘못하기도 하면서, 그 실수에서 배우고 또다시 해 보며, 그냥 그렇게 온전히 인간적인… 그저 인간적인 삶, 그것이 인생 아닐까 싶습니다.

최고의 선(善)이란 무조건적인 착함이 아니라 진정한 내가 되는 것입니다. 자신과의 진정한 조우(遭遇)를 통해 혼자라도 바로 설 수 있는 온전한 사람이 될 수 있어야 하고 온갖 일들과 온갖 사람들이 함께 살아가야 하는 세상살이에서 균형을 잡을 수 있어야 합니다. '나는 누구인가' 자신에게 그 물음을 진심으로 깊이 물어가며 살아간다면 진정한 '나'를 만나게 되는 그 순간에는 그 어떤 유명한 스타를 만난 것보다 더 큰 기쁨을 경험하게 될 것입니다.

"용기란 비판에 익숙해지는 것이 아니라 자신의 이야기를 하는 것이다."

– 브레네 브라운(Brene Brown) –

열등감

우리는 아프리카 난민이 어려움에 처한 모습을 보고 열등감도 우월감도 느끼지 않습니다. 그 이유는 우리가 자신의 가치를 평가할 때 아프리카 난민과 비교해서 바라보지 않기 때문입니다. 하지만 우리는 옆집에 사는 사람이나 같은 반 친구, 또는 같은 직장에 다니는 동료에게서는 열등감이나 우월감을 느끼며 살아갑니다.

이로써 알 수 있는 것은 우리가 흔히 타인과의 비교를 통해 자신의 기준을 찾으려는 시도를 습관적으로 한다고 볼 수 있습니다. 누구보다 키가 크다거나 작다거나, 얼굴이 잘생겼다거나 못생겼다거나 누구보다 학식이 짧다거나 가난하다는 이유로 스스로 열등감을 느끼고 그 반대의 경우에는 우월감을 느끼게 되는 것이지요.

열등감과 우월감

열등감(inferiority feeling, 劣等感)을 느낀다는 것은 결국 우월해지고 싶은 욕구의 좌절입니다. 타인과의 비교를 통하여 그 우열의 잣대로 끊임없이 재어 보게 되는 것이지요.

열등감이라는 감정이 누군가와의 비교를 통해 생겨난다는 것을 좀 더 자세히 들여다보면 타인이라는 상대를 기준에 두고 자신을 평가하는 것이기 때문에 그 상대가 바뀔 때마다 열등감과 우월감의 감정이 동전의 양면처럼 뒤바뀌게 된다는 것을 알 수 있습니다.

자신보다 부족한 사람에게 그 기준을 놓게 되면 우월한 느낌을 받을 것이고, 반대로 자신보다 월등히 능력 있는 사람에게 그 잣대를 두게 되면 자신이 하찮게 느껴지지 않던가요?

'누군가보다 부족하다고 느끼게 되면 열등감을 가지게 되는 것이 당연한 것이 아닌가?'라고 생각할 수도 있겠지만, 비교의 대상에 따라 그 감정이 이렇게 극단의 방향으로 오간다면 이 감정이 얼마나 주관적인 측면에서 만들어진 잣대인지를 반증하는 대목이 되기 때문입니다.

사회적, 보편적 기준을 세워보려 이리저리 재어 보아도 과연 인간이라는 것에 가치를 매길 수 있는 기준은 어디를 평균점으로 해야 할까요? 이런 논의가 식상할 수도 있고 오히려 현실과 괴리를 느끼게 하는 질문이 될 수도 있겠습니다.

어떤 독자는 '그렇다면 노력도 하지 않고 살란 말인가? 비교를 통해 경쟁하고 발전하는 것, 그것으로 성장하게 되고 더욱 열심히 살아가려는 의욕이 생기는데…'라며 이렇게 반문할 수도 있을 것입니다.

그 논의에 대해서는 저 또한 무척 공감하는 바입니다. 모든 인간의 기본 욕구인 성장의 욕구는 더 우월해지려는 보편적인 인간의 바람이고 우리는 경쟁을 통해 사회적 능력이 강화시키며 발전을 거듭해 나가게 되니까요.

국가의 이념적인 시스템을 참고해 보더라도 마찬가지입니다. 시장경제의 자유로운 경쟁을 허용하는 민주주의 국가의 눈부신 발전은 일원화된 이념을 추구하고 공동의 생산, 소비를 추구하는 공산주의에 비해 비교할 수 없을 정도로 앞서나가 있으니까요. 이런 비약적인 발전의 본바탕에는 자유로운 경쟁 방식이 시장경제체계의 긍정적인 촉진제 역할을 했기 때문입니다.

하지만 내가 지금 여기에서 말하고자 하는 것은 타인과의 경쟁에서 생기는 '괴로움'에 대한 감정입니다. 다른 이에 비해 뒤처지거나 못 하는 것이 있을 때 더욱 노력하고 극복하려는 의지는 그의 인생에도 물론이거니와 전 인류적 관점으로도 매우 발전적인 현상입니다. 하지만 그 과정에서 '왜 괴로운가?'입니다. 조심스레 그 괴로움의 밑마음을 살펴보면 우리는 거기에 자리하고 있는 유아적인 좌절감을 엿볼 수 있습니다.

자신보다 잘나 보이는 사람을 은근히 무시하고 싶고 허물을 캐내고 싶어진다면 이미 그는 열등감에서 비롯된 시기심과 질투로 적지 않은 상처를 안고 있다는 것을 추측해 볼 수 있습니다.

열등감, 적을 만들다

해결되지 않은 열등감은 그 사람을 무기력하게 만들어 위축되고 우울한 감정을 갖게 합니다. 또한 반작용으로 그런 자신이 못마땅하게 느껴지고 죄책감이나 수치심마저 들게 된다면 '부정적 감정의 종합세트'처럼, 떼려야 뗄 수 없는 짐짝처럼, 무거운 감정이라는 짐을 등에 지고 살아가는 운명이 됩니다. 그리고 부모가 된 성인의 열등감은 더욱 위험한데 열등감이 큰 부모의 자녀는 그 양육의 상호작용 과정에서 자녀의 자존감을 상실하게 만드는 많은 원인을 갖게 되기 때문이지요.

열등감의 괴롭힘을 오래 당하고 살다 보면 보상작용으로 우월감을 느끼고자 하는 충동적인 욕구가 강렬하게 고개를 들게 되는데 이러한 충동으로 남을 깔보고 비웃고 싶어지는 마음이 가득해서 가슴속에서는 늘 그런 기회를 호시탐탐 노리며 살아가게 됩니다.

그 마음은 그가 이제까지 열등감 때문에 얼마나 마음을 졸이고 살아왔는가 대한 복수심이 느껴지는 부분이기도 해서 그의 '잘난 척'이 예사롭게 보이지 않습니다.

결국 이렇게 타인을 무시하고 싶은 마음은 자신 스스로를 취급하던 방식 그대로 타인에게 투사(projection, 投射)하여 보는 것과 같은 마음인 것이라 할 수 있습니다.

사람들 대부분이 자기 이익을 위주로 살아간다고 생각하지만 사실 복수심과 분노에 휩싸이게 되면 자신에게 이익되는 행동을 신택하기보다는 타인을 헤치는 것에 압도되어 행동하기 마련이지 않던가요?

열등감 콤플렉스의 영향이 너무 강하게 되면 사방에 온갖 적들이 자신을 괴롭히려고 주변에 포진하고 있는 것으로 느껴지고 그 반작용으로 자기 중심적으로 살아가려는 의지가 더욱 강해집니다. 이렇게 되면 '함께 잘살아 보자'는 말은 허공의 메아리가 되어 산산히 공중분해 되어 버리고 마는 것입니다.

솔직해지면 열등감은 물러선다

오스트리아의 심리학자이며 프로이트의 제자인 알프레드 아들러는 열등감을 연구한 대표적인 학자인데, 그는 열등감을 이렇게 정의하고 있습니다.

"인간의 행동과 발달을 결정하는 것은 인간존재에 보편적인 열등감·무력감과 이를 보상 또는 극복하려는 권력에의 의지, 즉 열등감에 대한 보상 욕구이다. 사람들의 마음속에는 지금의 상태를 초월하여 더 나은 곳으로 나아가고자 하는 목표가 자리 잡고 있다. 또한 현재의 불완전함을 극복하기 위해 확실한 목표를 세우기도 한다. 성공한 사람들은 모두 목표를 세우고 실천하기 위해 노력한 이들이다."

프로이트와는 달리 알프레드 아들러는 한 개인이 설정한 미래의 기대가 그의 인생을 이끈다는 목적론에 입각하여 인간의 발달을 해석하였습니다. 그리고 그는 열등감을 마음에서 몰아내야 할 감정이라기보다는 각 개인이 극복해야 할 인생 과제로 보았고 그 과정을 통해 성장한다면서 긍정적인 관점으로 열등감을 해석하였습니다.

열등감으로 인한 문제를 치유하기 위해서 가장 우선적인 방법은 열등감을 의식세계로 불러오는 것입니다. 우선 자신의 열등감을 인정하고 마주해야 합니다. 내가 열등한 사람이라는 것을 인정하라는 것이 아니라 자신이 어떤 부분에 대해서 열등감을 느끼고 있다는 것, 또 어떤 부분에 대해서 우월해지고 싶은 욕구가 있다는 것을 드러내어 솔직하게 바라보는 것입니다.

그룹 상담을 통해 이루어지는 사회화 훈련은 열등감을 극복하기 위해 좋은 훈련이 될 수 있습니다. 이 과정에서 배우게 되는 세상살이의 일반 상식들은 세상의 진리와 지혜의 집합체이며 이런 훈련은 우리의 정신적 면역력을 강화하는 데 매우 도움이 되기 때문이지요.

그와 반대 개념인 자신만의 언어와 자신만의 세계, 자기 중심적인 이해체계는 정신증과 신경증, 범죄의 뿌리가 되는 것입니다. '타인과 협력하거나 공감할 필요 없어. 오직 너 자신에게 몰두하여 그들을 이겨라'라고 그들의 열등감 콤플렉스는 말하고 있을지도 모릅니다.

사람이 가지는 일반적 감정

사실상 사회적 감정이 전혀 없는 사람은 없습니다. 단지 그들은 유용한 삶을 살아가는 데 필요한 용기를 잃은 것입니다. 특히나 어려움을 빨리 극복하고 싶어서 조바심을 내며 끊임없이 충동하고 바쁜 이들을 보면 엄청난 열등감에 시달리고 있음을 알 수 있습니다. 왜냐하면 자신이 그 어려움들을 잘 이겨낼 수 있다고 믿는 사람들은 조급해하지 않기 때문이죠.

마음의 안식을 찾기 위해, 좋은 삶을 살기 위해 부지런히 노력한다 해도 지나친 경쟁의식과 공상 때문에 그들은 한치도 마음의 여유가 없고 쉴 때도 완전히 일에서 떠날 수 없습니다. 그렇기 때문에 결국 건강하고 유용한 삶과 점점 더 거리가 먼 무미건조한 삶을 살아가게 되는 것입니다.

행복과 안녕, 사랑, 관계와 같은 인간으로서 마땅히 누려야 할 소중한 가치들을 희생시키고 열심히 경쟁하며 살아온 보상작용으로 타인의 인정과 사랑을 바라는데, 이 마음은 너무나 간절해서 마치 정신적으로 구걸하듯 매달려 애타게 인정을 바라게 되는 것입니다.

하지만 이러한 열등감의 문제를 마치 정신질환 다루듯 바라보는 것은 곤란합니다. 모든 인간의 열등감은 우월애의 욕구로 매우 정상적인 감정이고 우리의 우월성을 향한 노력은 전 생애 동안 멈추지 않게 될 것이기 때문입니다.

우리가 살아가는 가운데 좀 더 높은 수준의 사회적 감정을 키워나간다면 자신의 인생에 함몰되어 나락으로 떨어지는 실수를 피할 수 있습니다. 서로의 협력을 통하여 개개인의 뛰어남이 만나 승(勝)-승(勝)의 시나리오를 만들어나가는 호혜성의 원리에 입각한 만남만이 서로를 살리게 되고 상생(相生)하는 공동체를 위한 길이 될 것입니다.

자기 사랑이 지나치면

"이기적인 사람은 당신을 사랑하지 않는다.
그들은 자신을 사랑하지 않는 사람이기도 하다."

― 에리히 프롬(Erich Pinchas Fromm) ―

'사랑'이란 주제 앞에 서면 늘 할 말이 많다가도 없어져 버립니다. 인간의 제한된 언어로는 쉽게 정의 내릴 수 있는 단어가 아니기 때문이라서 그럴지도 모르겠습니다. 우리가 알고 있는 사랑이란 과연 어떤 색깔일까요? 한 영화에서는 사랑의 감정을 '달콤 쌉싸래한 초콜릿' 같다고 표현하기도 했던 걸로 기억하는데 연애 관계에서 경험하게 되는 쾌감이나 슬픔, 고통, 즐거움을 한데 모은 그런 복잡 미묘한 감정을 맛이나 색깔로 비유해내기는 참 어려운 것 같습니다.

어떤 이들은 하늘의 별이라도 따다 줄 듯 친절하게 대하는 행동을 사랑으로 느끼고 또 어떤 이들은 커다란 돌멩이를 '툭' 하고 잘라 바칠 만큼 물불 가리지 않는 용맹스러운 행동을 사랑이라 생각하는 것 같습니다.

그렇게 저렇게 사랑의 증거를 찾아내려 애쓰는 우리를 보고 있으면 '사랑'이라는 정의를 내릴 때에도 각자 나름대로의 사랑이라는 것에 색깔을 정해 둔 것은 아닐까 하는 생각을 하게 만듭니다.

사랑은 쉬운 게 아니야

사랑이란 말은 이 세상에 차고도 넘칠 정도로 매일같이 불리고 듣고 있지만, 진정한 참사랑은 무엇을 의미하는 것이며 그런 참사랑을 나눌 수 있는 축복을 받은 사람은 몇이나 될까요?

데이비드 홉킨스 박사는 《의식혁명》이란 자신의 저서에서 이같이 말하였습니다.

"인류의 평균적인 의식(意識) 레벨을 빛의 밝기로 나타낸 로가리듬 점수로 환산해 묘사했는데 긍정적으로 살아갈 수 있는 인간의 평균적 수치를 200Level 수준으로, 포용과 이해로 용서하는 삶을 400Level, 사랑을 나누고 사는 행복한 삶을 500Level, 언어를 넘어선 깨달음의 경지를 1,000Level로 두었고 그 경지에 도달한 분은 예수님과 부처님이 계시다."

다시 말해 그는 의식 레벨의 수준이 상당히 높은 수준에 이르러야 비로소 진정한 사랑을 할 수 있는 능력이 되며 그 수준까지 도달할 수 있는 사람은 전 세계 인구의 4%에 불과하다는 말인데, 이 대목을 읽으면서 좀 놀라기도 하였고 씁쓸한 마음이 들기도 하였습니다.

'사랑을 논하면서 의식 수준까지 고려해야 하나?' 하는 의아한 맘이 들어서였던 것 같습니다. 하지만 여기에서 말하는 의식 수준이라는 기준은 개인이 학교에서 배우는 학습을 통해 터득한 지식의 양을 의미하는 것은 아닐 것입니다.

데이비드 홉킨스 박사가 말한 의식 수준은 세상의 이치에 대해서 이해하는 사고의 능력과 인간으로의 자신의 감정, 욕구, 인지 등에 대해 자각할 수 있는 능력, 그리고 인간의 삶에서 겪을 복잡한 상호작용 속에서도 다방면으로 깨어 있을 수 있는 능력을 의미하는 것이라 해 두는 것이 이해하기 쉬울 것입니다.

이런 의식 수준을 바탕으로 정의해 둔 사랑을 이해하려 하다 보면 우리가 이제껏 끊임없이 찾으려 했던 사랑의 증거들이 '과연 사랑을 나타내어 주는 특성들이 맞을까?' 하는 의문이 생기게 되기도 합니다.

자기 사랑, 나르시즘

우리는 흔히 진정으로 자신을 사랑할 수 있는 사람만이 타인을 사랑할 수 있다는 말을 하곤 합니다. 자기를 사랑하는 감정을 나타내는 단어인 자기애(自己愛)는 정신분석학적으로 설명하자면 리비도(Libido)의 에너지가 자신에게 집중되어 있는 것을 말하며 흔히 나르시즘(Narcissism)이라고 부릅니다.

나르시즘이라는 용어 탄생의 기원은 그리스 신화에 등장하는데 나르키소스라는 아름다운 한 소년의 이름을 딴 것입니다. 호수에 비친 자신의 아름다운 모습에 반한 미소년은 식음을 전폐하고 자신의 모습만을 바라보다 호수에 빠져 죽게 되고, 그 미소년이 죽은 자리에 수선화 한 송이가 피어났다는 전설은 누구나 한 번쯤 들어본 적이 있을 것입니다.

자기를 사랑하는 욕구는 인간의 기본 욕구입니다. 자신을 보호하려는 의도와 소중히 여기는 마음은 인간의 생존 본능의 한 가운데 자리하고 있는 인간본성(人間本性)의 핵심이라고 할 수 있을 것입니다.

한 인간의 성장과 발달은 이런 자기애의 욕구가 중심이 되어야 합니다. 자신을 소중히 여기지 않는 사람의 인생을 적절히 표현한 누군가의 말을 빌리자면 그의 인생은 '사람들이 오고 가는 거실의 문 앞에 놓인 양탄자의 신세'가 되어 버리고 말 것이기 때문이죠.

자기 사랑이 지나치면

인간은 자신을 사랑하고 아껴야 하며 스스로 보호할 수 있어야 합니다. 인간의 끈질긴 생존본능이 없었다면 인류는 과학적으로나 사회적으로 이토록 비약적인 발전을 이룰 수 없었을 것이며 어쩌면 이미 오래전에 멸종해 버렸을지도 모를 일이지요. 하지만 이런 자기 사랑이 과도하여 병적으로 치우치게 되고 비인간적으로 치닫게 되면 정신질환의 진단 및 통계 편람(Diagnostic and Statistical Manual of Mental Disorders: DSM)에서 명명한 자기애성 인격장애라 진단할 수 있을 정도가 되어 버립니다. 우리는 이들을 나르시스트라 부르기도 하는데 이들은 극단적인 이기주의로 살아가는 사람들을 뜻합니다.

미국의 정신치료학자 샌디 호치키스는 자신의 저서 《나르시즘의 심리학》에서 나르시즘의 덫에 걸린 한 내담자에 대해 회상하며 이렇게 말하였습니다.

"그녀는 부모가 나르시스트인 가정에서 자란 탓에 쉽게 위축되고 우울해졌다. 타인에게 칭찬을 받으려 무척이나 애썼고 애정에 굶주려 있었다. 그녀는 타인들이 왜 자기 자신밖에 안중에 없는지 분노했으며 그들의 덫에서 벗어나길 마음먹었다. 하지만 거기서 빠져나오는 것은 중독에서 헤어 나오는 것처럼 괴로운 일이었으며 그리고 그 과정 속에서. 그녀의 기분을 좋게 하기 위해 만났던 그들이 바로 그녀의 자존감을 헤치고 있다는 것을 알았다."

나르시스트와 잘 살아가기

이미 성인이 된 나르시스트와 좋은 관계를 맺어 보겠다는 희망은 아마 많은 암초에 부딪히게 될 것입니다. 어쩌면 나르시스트와 관계 맺을 수 있는 방법은 한 가지밖에 없는데 서로를 존중할 수 있는 경계를 긋고 책임의 합리적 기준을 만들어 가는 것입니다. 그들이 원하는 것을 줄 수도 없으며 그들이 나를 무가치하게 여긴다고 해서 내가 정말 그런 사람은 아니라는 것을 지속적으로 주장하여야 합니다.

나르시스트가 당신의 마음의 약한 부분을 이용하도록 내버려 두지 마세요. 또한 그들이 제멋대로 굴거나 당신의 권리를 침범할 때 'STOP'을 요구하세요. 언제든 일차적으로 자신을 보호할 권리가 당신에게 있음을 믿고 타인의 뜻이 아닌 자신의 뜻을 세워 살아갈 기준을 마련하는 지혜를 터득해야 합니다.

나르시스트들도 때로 자신이 타인에게 베풀고자 하는 마음이 있다고 착각하는데 그들은 타인이 원하는 것을 주는 것이 아니라 자신이 주고 싶은 것을 주기 때문에 건강한 관계의 기본원칙인 호혜성(互惠性)을 위배하게 됩니다.

건강한 자아와 통합하게 되는 건강한 자기애는 자신을 소중하게 여기는 것만큼 타인의 권리와 존재의 소중함을 인정하고 이해하는 것입니다. 하지만 지나치게 자기 중심적인 자기애를 바탕으로 관계한다는 것은 타인에 대한 인간으로의 존중은 무시하고 오히려 타인을 자신의 욕구 충족의 대상으로 삼으려 한다는 것입니다. 이런 관계 속에 나의 권리를 찾기는 쉽지 않습니다. 때로는 그 관계에서 거리를 두는 결단이 필요할 때도 있습니다.

이들 나르시스트의 행동 이면에는 과장된 자기(self)가 있습니다. 하지만 이것은 실체가 없이 이상화된 자기상과 그가 만들어 낸 환상의 혼합물일 뿐입니다.

그들의 내면에는 과도한 특권의식이 있어 어떤 경우라도 '나는 그래도 돼'라는 스스로 부여한 비정상적인 권리가 기본적으로 자리 잡고 있기 때문에 요구할 때도 당당합니다.

이러한 자기상은 또한 외부로 투사되어 자신에게 필요한 사람이거나 괜찮은 사람이라고 느껴지는 이에게는 그를 이상적으로 바라보게 됩니다. 이상화된 자기와 그 대상을 동일시하게 되고 그때 나르시스트의 최고감은 풍선처럼 부풀려지게 됩니다.

약간의 도취감 속에 일체감을 느끼다가도 그 대상으로부터 비난받거나 실망감을 느끼게 되면 즉시 그를 무참히 평가절하하면서 자신과 분리시키고 그에게 수치심을 던져버리게 됩니다. 보나 마나 그 순간 상대방의 존재는 처참하게 뭉개져 버리게 되는 것이죠.

그들이 그렇게 할 수밖에 없는 이유는 비참하게 느껴지는 자기를 받아들일 내면의 힘이 없기 때문에 수치심을 즉각 상대방에게 덮어 씌워 버리는 것입니다. 이런 방식이 허약한 내면을 보호하는 대표적인 방어기제이며 이제까지 그들을 환상으로부터 보호해 주는 역할을 해 왔을 것입니다.

이런 관계 맺기의 방식이 보여 주듯 지나친 자기 사랑이 바탕이 된 몰입 현상으로 타인의 존재는 안중에도 없게 되고 자신에게 향한 과도한 집착을 보여 주는 대목이기도 합니다. 그렇게 집요한 자기에 대한 환상의 필요는 그런 방식을 통해 비참하게 느껴지는 자신을 거부하고픈 마음과 평행선을 이루려 하는 것이겠지요.

나르시스트 마음속엔 슬픈 아이가 산다

나르시스트는 수치심과 무가치감으로부터 자신을 지키고 보호하기 위해 위대한 이상(理想)을 깨는 어떤 것(사람이든 상황이든)도 받아들일 수도 없으며 그것을 감내할 만한 수용 능력 또한 없는 것입니다. 그 모습은 자기 도취적인 망상 속에서 그토록 대단한 자기에 대한 환상을 깨지 않으려 아등바등 매달려 발버둥을 치는 가여운 어른아이일 뿐입니다.

이러한 과도한 자기애는 사실 완전해지고픈 바람에서 시작된 망상(妄想)입니다. 이러한 욕구조차도 보편적인 인간의 측면이라 할 수 있겠지만 건강한 자아와 통합된 자기애만이 진정으로 사랑할 수 있는 능력을 지니게 되는 것이 사실이기 때문이지요.

DSM에 서술된 자기애성 인격장애에 해당하는 특성들을 심리학과 관련된 교재에 이렇게 기술되어 있습니다.

"성공과 권력에 대한 환상, 외적인 아름다움과 이상적 사랑에 대한 환상을 가지며 자신의 중요성을 과도하게 인식하여 타인에게 과도한 존경을 바라는 특권의식을 가진다. 또한 타인과의 관계에서 자신의 욕구에 따라 착취적인 관계에 능하고 타인의 감성에 대한 공감 능력은 매우 떨어져 관계의 중심은 모두 자신에게 향해 있다."

어떤 사람이 이런 마음으로 가득 차 있다면 당연히 타인의 말을 잘 알아듣지 못할 테고 또한 타인이 무엇을 원하는지 알고 싶어 하지도 않을 것입니다. 왜냐면 그들에게 타인의 생각이나 타인의 존재는 어차피 중요치 않을 테니까요.

특이한 것은 이러한 자기애적 특성이 다른 형태로 나타나기도 하는데 오히려 타인의 반응에 과민하며 자신을 드러내기를 꺼리며 관심이 오지 않도록 자신을 숨기려 하는 다소 소심해 보이는 성격으로 나타나기도 합니다.

이런 유형의 나르시스트는 타인의 사소한 말과 행동에 주의를 기울이고 자신에 대한 비판의 증거들을 찾아내게 되어 스스로 쉽게 상처받곤 합니다.

다시 말해 도도하고 도취적인 모습으로 다소 적극적으로 자기애가 나타나기도 하지만 구석으로, 구석으로 자신을 숨기는 형태로 소극적인 형태로 나타나기도 한다는 뜻입니다. 그들은 왜 자꾸 자기를 숨기려 하는 것일까요? 숨기지 않으면 너무 드러난다고 느끼기 때문이거나 자신을 보호하고 싶은 마음이 너무 크기 때문일까요? 이런 이유들로 자신에게 과하게 몰입되어 있다는 심적 현상을 나타내고 있음을 알 수 있습니다.

이렇게 자기애가 병적일 정도로 과도한 사람들은 사회적으로 성공한 삶을 영위하기도 하며 실제 유능한 학자나 전문인, 정치인, CEO, 연예인 등 유명인에게서 자기애적 성격을 가진 이들을 흔히 볼 수 있습니다.

사회적인 경쟁의 서열에서도 뒤로 밀려나는 것을 스스로 용서가 안 되었던 것이라면 더욱 필사적으로 경쟁하고 완전해지려는 집착이 어느 정도 힘을 발휘하여 성공의 길로 나아가게 하는 데 큰 도움이 되었을 수도 있습니다.

자기애가 형성되는 뿌리는 유, 아동기에 있습니다. 인간으로서 불완전함을 수용 받고 진실과 환상을 분리하는 능력, 그리고 자기 의심 없이 세상을 볼 수 있고, 세상의 현상을 올곧게 보는 지혜는 진정한 자존감을 발달시키게 됩니다. 하지만 그 반대의 경우에는 자신과 타인의 존재를 누군가를 돋보이게 해 줄 장식품 정도로 여기게 되는 것입니다.

자기애성 인격은 대를 이어 내려간다

자기애성 인격을 가진 사람은 그 부모 또한 자기애성 인격을 지녔을 가능성이 매우 큰데, 그 부모는 대부분 자녀를 부모 자신에게 봉사하는 방향으로 끌어들이는 식의 관계를 맺고 자신의 아이에게조차도 한 인간으로서 배려하거나 존중하는 능력이 없을 것입니다.

자기애성 인격을 가진 부모는 자녀를 자신과 동일한 나르시스트로 키우거나 나르시스트의 희생양으로 키우게 되는 상호작용 속에서 관계를 맺습니다.

나르시스트는 수치심에 매우 약한 사람들이고 이런 수치심은 타인을 통해 떠넘겨지는데 이것은 투사라는 과정을 통해 매우 그럴듯하게 이루어집니다. 투사(投射)란 개인의 성향이나 특성에 대하여 다른 사람에게 무의식적으로 그 원인을 돌리는 심리적 현상이라고 설명할 수 있는데요. 그럴듯한 잔소리에 적절히 녹아든 부모의 수치심을 아이들이 떠안으며 살아가게 된다는 것입니다.

나르시스트의 부모에게 지배당하며 살아가는 것이 익숙해진 아이들은 부모를 비추는 거울로 살아가게 됩니다. 그러면 아이들은 자신의 존재를 나르시스트의 자존심을 지켜주려 반응하고 칭찬과 보호를 얻기 위해 기꺼이 그들의 수족(手足)이 되는 역할로 들어가는 것입니다.

자기애의 친구, 중독

자기애성 인격들은 특별히 수치심에 민감해서 중독이나 강박적인 행동과 습관에 잘 빠지게 됩니다. 이러한 현상이 바로 그들이 삶의 딜레마에 빠지고 있다는 신호입니다. 악착같이 자신을 위해 살아왔고 더욱더 높은 이상을 위해 달려왔지만 결국 공허감을 메우는 것에는 실패할 수밖에 없는 것이지요. 다람쥐처럼 쳇바퀴를 돌리고 있는 자신을 발견하고 무기력해지는 순간에도 손톱이 다 닳아 없어질 정도로 무언가의 추구에 매달리기도 합니다.

그 끝도 모를 공허함으로부터 자신을 보호하기 위해 환상을 만들어 놓는데 이는 대부분 자신에 대한 환상이거나 자신을 높은 곳으로 올려주는 것에 대한 환상들이었을 것입니다. 그 환상의 거품이 깨지는 것을 극도로 두려워하고 또는 그런 위협을 가하는 사람이 있다면 잔인할 만큼 한 번에 제거해 버리거나 곧바로 떠나버리는 이유는 그 환상이 자신의 존재감을 지켜줄 마지막 희망이기 때문이지요.

나르시스트의 수치심은 냉담한 분노로 종종 표현되는데 그것이 바로 그가 받았던 여전히 치유되지 않은 채 남아 있는 생생한 상처를 보여 주는 것이기도 합니다.

어쩌면 그 냉랭한 분노의 의미는 과거에 그가 숨을 곳도 없고 대항조차 할 수 없이 그대로 뒤집어썼던 억울한 순간들, 무기력하게 방어조차 할 수 없던 순간들의 상처를 의미하는 것일 수도 있습니다.

'그들이 타인으로부터 얼마나 억울하게 수치스러운 감정을 대신 덮어쓴 것일까?' 하며 들여다보면 그들이 '나는 가치가 있는 사람이다'를 대신할 증거들을 목숨처럼 붙들고 놓지 않으려는 발버둥에 이해가 되면서도 안타까울 뿐입니다.

정서적으로 깊이가 없고 냉담하던 나르시스트가 너무나도 사소한 사건이나 모욕에 펄펄 뛰는 모습을 보면 놀라게 되지만 사실 그것은 과거의 억울함이 해소되지 않은 것에 따른 억압된 복수심을 엉뚱한 곳에서나마 풀고 있는 것입니다.

이렇게 나르시즘이 과도한 사람은 자신에게만 향한 에너지 때문에 나잇값을 못하게 되고 부스러지기 쉬운 삶을 살아가게 된답니다.

자신을 진정으로 사랑한다면

세상을 살아가는 동안 타인과 교감하며 여유로움을 즐기고 희노애락(喜怒哀樂)을 함께할 수 없다는 것만큼 불행하고 무미건조한 삶이 어디 있을까요?

사회적인 성취를 통해 인정을 받았다 하더라도 인간관계에서는 늘 갈등과 말썽이 생기고 한마디로 롤러코스터를 탄 듯 오르락내리락 하며 수시로 혼란에 휩싸이게 됩니다.

도취감, 절망감과 공허감 사이를 어지럽게 돌아다니며 감정의 소용돌이에 휘말려 들어가는 식이기 때문에 몇몇 사람들과 연속적이고 안정적인 관계를 맺고 인간적인 정을 나누는 것이 어렵게 됩니다. 그들의 관계에서는 오늘은 영웅이고 내일은 원수가 되어 버릴 여지가 늘 잠재되어 있기 때문이지요.

  나르시스트들이 특히 사회적 성공이나 아름다움, 명예 등에 집착하는 이유는 사회적인 인정이 자신의 문제를 드러나지 않게 포장지의 역할을 하게 되기 때문입니다. 인간관계에서 만족하지 못하는 좌절감에 적절한 자기 처방을 해서 그나마의 안식처를 만들어 두는 것이지요.
  사회에서 매겨놓은 반짝이는 훈장 같은 장식들은 실제로 자신이 인간으로서도 상급품인 것처럼 착각하게 만드는 착시효과를 어느 정도 가져오게 되니까요. 하지만 그러한 눈가림식의 사회적 포장은 자신의 성격적인 문제를 인식하게 하거나 심각하게 고민할 기회를 갖지 못하게 만들기 때문에 자신을 냉철하게 바라볼 수 있는 적당한 변화의 계기마저도 놓치게 될 수 있습니다.

정처 없이 떠내려가는 삶

  그의 인생은 공허라는 배를 타고 급물살에 떠내려가 버리듯이 문제는 날이 갈수록 심각하게 꼬여버리거나 해결하기를 포기한 채 될 대로 되란 식으로 살아갈 수도 있습니다. 하지만 그중에서도 예상되는 가장 걱정스런 문제는 그의 자녀가 받을 영향입니다.

그들의 삶에 일찌감치 태풍 같은 고난이 한 번 불어 준다면 그것을 천복으로 여겨야 하지 않을까요? 한 겹 한 겹 진정한 내 것이 아닌 가짜 나를 벗는 동안 하염없이 눈물을 흘리게 될지 모르나 너무나 소중한 참자기와의 만남이 이루어지는 과정이 될 것입니다.

우리의 내면에 참자기로 살아가고자 하는 간절한 바람이 대중적으로 나타나는 현상이 있는데 사람들이 분주하게 지나다니는 곳에서도 갓난아이를 안은 여성을 발견하게 되면 왠지 모르게 사람들의 시선이 그 아기에게 관심을 흘리고 있다는 것이 느껴집니다. 그 아기 얼굴이라도 지나가면서 슬쩍 보려 하거나 사람들의 목소리 크기도 한 톤 정도 줄어들게 되고 그저 아기가 그곳에 나타난 것이 은근히 반갑기도 합니다.

아기는 치유와 사랑의 상징입니다. 이런 이유로 우리 모두의 내면에는 타인을 사랑하는 타인애의 씨앗이 존재함을 증명해 주는 장면이지요.

타인을 돌보는 관심이 자신을 살리게 될 것이라는 어느 학자의 명언처럼 이제는 자신을 사랑하는 이유로 타인에게 다가가서 손을 내밀어야 할 때가 아닐까 합니다.

"누구에게나 열등감은 있습니다.
이는 우리가 어떤 환경에 처해 있는 지와는 큰 관련이 없습니다."

– 알프레드 아들러(Alfred Adler) –

무기력

우리는 요즘 시대를 물질문명(物質文明)의 시대라고 합니다. 이는 말 그대로 물질의 풍요를 통해 인간의 삶을 발달시킨 문명을 뜻하며 20세기 이후 우리의 산업은 정치, 경제, 사회의 측면에서 매우 비약적인 발전을 거듭해 왔습니다.

의학의 발달은 이전에 치료할 수 없었던 불치병이나 난치병을 극복하고 인간의 생명을 연장시켰으며 과학의 발달은 물질의 대량 생산을 가능하게 해서 편리한 삶을 위한 신제품을 하루가 멀다 하고 쏟아내고 있습니다.

과거 정신문명의 시대, 불과 50~100년 전만 해도 심각하게 고민하지 않았던 새로운 고민거리들이 하나둘 문제가 되어가고 있는데 그중 하나가 정신질환과 우울, 불안, 무기력이 사회 전체의 문제로 번져나가고 있다는 것입니다.

한때 서점가에는 자기 계발서 열풍이라 할 만큼 맨 중앙에 자기 계발서 베스트셀러들로 즐비했었습니다. 실제 성공스토리를 읽어 내려가다 보면 나도 모르게 의지와 의욕을 불태우게 하는 힘을 느끼기도 하고 또는 자신들도 당장 세상으로 뛰쳐나가 뭐라도 해 보고 싶은 맘이 굴뚝같이 생깁니다. 하지만 막상 맞이하는 현실에서는 성공은 고사하고 손가락 하나 까딱하기도 힘들 만큼 기력이 없어 성공한 그들과 비교되어 비참한 기분마저 들기도 했던 것 같습니다.

점점 무력해지는 사회

SNS나 인터넷 매체를 통해 자기 계발을 독려하는 글들이 넘쳐나는 이때 무기력과 우울을 호소하는 사람들이 점점 더 늘어나는 것은 참으로 아이러니하게 느껴집니다. 결국 '우리 시대는 왜 이렇게 무기력해져 갈까?'라는 의문을 던지지 않을 수 없게 됩니다.

원불교의 교조인 소태산(少太山)은 물질문명의 급격한 발달에 비해 정신문명이 지체되어 불균형을 맞이하게 되므로 인간의 행복감은 더욱 떨어지고 있음을 경고했습니다. 물질과 정신의 가치가 역행하는 것을 막아 정신이 주체가 되어 물질을 활용할 때만이 진정한 풍요라 할 수 있는 만큼 정신적인 삶의 필요를 더 강조했던 것이었겠죠.

과거처럼 모두가 가난하고 없이 살던 시절을 생각해 보면 그 풍요와 빈곤의 격차가 그다지 크지 않았고 평균을 뜻하는 보통 사람의 기준도 또한 그리 높지 않았던 것 같습니다. 하지만 요즘은 빈부의 격차도, 능력의 차이도, 잘남의 차이도 더욱 극단을 향해 벌어지게 되고 열심히 노력한다 해도 절대 도달할 수 없는 차이가 생겨난다면 그에 따른 사회적 박탈감은 견디기 어려울 정도로 우리를 무기력하게 만들 것이니까요.

학습된 무기력

무기력(無氣力)에 대한 연구는 마틴 셀리그만 박사의 '학습된 무기력(learned helplessness)'이란 논문(1975)으로 본격화되었습니다. 학습된 무기력에 관한 연구는 24마리의 개를 나누어 상자에 넣고 전기 충격을 주는 실험이 가장 대표적입니다. 24마리의 개를 두 가지 집단으로 분류하여 제1집단의 개에게는 코로 조작기를 누르면 전기 충격을 스스로 멈출 수 있는 환경을 제공하였고, 이와 반대로 제2집단은 코로 조작기를 눌러도 전기 충격을 피할 수 없고, 몸이 묶여 있어 어떠한 대처도 할 수 없는 환경을 제공받았습니다.

24시간이 지난 이후 이들 두 집단 모두를 다른 상자에 옮겨 놓고 이번에는 목줄을 묶지 않은 채 언제든 전기 충격을 피할 수 있는 상태에서 전기 충격을 주는 실험을 했습니다. 두 집단 모두 상자 중앙에 있는 담을 넘으면 전기 충격을 피할 수 있게 되어 있었는데, 실험을 시작하고 전기 충격이 가해지자 이상한 현상이 일어났습니다. 제1집단은 중앙의 담을 넘어 전기 충격을 피했으나, 제2집단은 전기 충격이 주어지자 피하려 하지 않고 구석에 웅크리고 앉아 전기 충격을 받아들이고 고통을 참고 있었던 것입니다.

즉, 제2집단은 자신이 어떤 일을 해도 그 상황을 극복할 수 없을 것이라는 무기력이 이미 학습된 것이라 볼 수 있었습니다. 셀리그만은 혐오 자극으로 회피 불가능한 전기 충격을 경험한 개들은 회피 가능한 전기 충격이 주어진 경우에도 회피 반응조차 하지 못하는 사실을 보고 이를 학습된 무기력(learned helplessness)이라 명명하게 되었습니다.

'해야만 한다'는 무기력하다는 의미

무기력(無氣力)이란 어떠한 과제에 앞서 자발적이거나 적극적으로 행하지 않고 현저하게 의욕이 결여되었거나 저하된 경향으로 정의할 수 있습니다.

무기력과 우울은 쌍둥이 같아서 무기력한 자신이 싫어지면 우울해지고, 우울하기 때문에 무기력해지는 악순환의 연결 고리가 형성되므로 막연히 방치하면서 '시간이 지나면 좋아지겠지'라고 가볍게 생각한다면 큰 오산입니다.

무기력이 찾아왔다는 것은 자신의 정신 레벨이 이미 스스로 버틸 수 있는 한계에 도달했다는 것이므로 우선 그 사실부터 정직하게 인정할 필요가 있습니다.

이렇게 에너지가 고갈되어 버린 상태에 이르게 되면 주변에 사소한 일들도 억압으로 느껴지게 마련이며 그런 억압감은 사회로부터 회피하게 만들어 스스로 고립을 선택하게 됩니다. 게다가 현대 사회처럼 경쟁을 기반으로 살아가야 하는 삶에서는 주변의 많은 자극들 때문에 에너지를 과하게 소진시키는 이유가 되기도 할 것입니다.

그렇다고 해서 다른 이들과 섣부른 비교로 '다른 사람들은 잘 해내는데 왜 나만', '역시 나는 안돼'라며 자책할 필요는 전혀 없습니다. 사람마다 살아온 역사도 다를뿐더러 강점과 약점도 또한 모두 다르므로 자신의 보폭에 맞게 나의 삶을 당당히 살아가면 될 일이기 때문이지요.

현실의 경쟁 사회의 특성을 거부하고 평가절하하며 세상 탓만 하며 옛날 생각에 빠져 봤자 현실 부적응이라는 문제만 남게 되니 우리가 현재 발 딛고 있는 경쟁 사회에 대한 올바른 인식 또한 당당히 맞이하여야 할 과제라는 것을 받아들여야 할 것입니다.

현대를 살아가는 사람들이 무기력해지는 현상은 성공과 자유의 욕망은 있으나 실천할 수 없는 형태로 나타나거나 실천을 하더라도 그 결과를 이루어내는 데 필요한 에너지보다 부수적인 곳에 에너지를 빼앗기는 형태로 나타난다고 할 수 있습니다.

강박적으로 무언가를 해야 한다고 주문처럼 외우지만 실제로 생활은 정리되지 않은 채 사소한 것에 손만 대고 끝내게 되거나 중요한 일들의 우선순위를 매기지 못해 시간과 에너지는 지속적으로 낭비시키게 되는 즉, 진정으로 자신을 위한 효과적인 삶이 빠져 있는 빈껍데기 같은 생활을 반복하게 되는 것입니다.

현재 무기력과 우울감을 느낀다면 이 위기를 기회로 삼는 적극적인 삶의 자세가 필요할 때가 아닐까 합니다. 자신이 처한 현실을 냉정하게 평가하고 자신이 정한 목표가 너무 과도하지는 않은지, 또는 목표가 전혀 없는 것은 아닌지, 그리고 살아가면서 부딪히는 상황에서 맞이하게 되는 여러 가지 감정들과 그리고 현실을 대처해 나가는 방식을 점검해 나아갈 기회가 왔다고 생각하는 것이 오히려 도움이 될 것입니다.

무기력해지는 이유

무기력을 유발하는 요인은 무척 다양합니다. 앞서 무기력의 실험에서 볼 수 있듯이 자신이 어떤 문제에 봉착했을 때 문제 자체의 난이성보다는 그 상황을 통제 불가능한 것으로 받아들이고 또한 예측조차 불가능하다는 생각이 든다면 그는 무기력한 느낌을 받게 됩니다.

무엇을 어떻게 해야 할지도 모르겠고 무엇을 하고 싶지도 않으며 시도한다고 해도 잘 해낼 수 있을지 믿음이 가지 않는다면 한마디로 난국에 봉착하게 되어 이쪽도 저쪽도 선택하지 못하는 안절부절못한 상태가 지속됩니다.

또 다른 한 가지 요인은 어린 시절부터 습관화된 무기력입니다. 따스한 모성이 결핍된 환경에서 감정적, 신체적으로 소외와 방치로 자란 아이들은 자신의 의사 표현과 감정 표현에도 적당한 피드백을 받지 못하게 되고, 울어도 달래 줄 사람이 없었거나 불쾌한 일들이나 화가 났을 때도 수용 받기는커녕 체벌과 보복, 무시된 경험을 겪게 되었을 수도 있습니다. 그렇게 감정적 피드백이 허약했던 상호작용으로 인해 감정은 점차 사라지고 '나는 어쩔 수 없어'라는 무력감이 서서히 자리하게 되는 것입니다.

미국의 정신의학자 미실다인은 《몸에 밴 어린 시절(your inner child the past)》라는 저서에서 이렇게 말하였습니다.

"강압적이거나 방치된 과거의 경험은 자신을 표현하고 드러내기를 거부하고 포기하고 살게 됨으로써 스스로 무력한 우울 자리로 들어가는 것이 가장 안전한 타협책으로 느껴졌을 것이다. 이런 과거 경험은 현재 우리가 성장한 이후에도 마음의 습관으로 남아 작은 좌절에도 쉽게 무력해지며 포기하는 성향이 된다."

무기력, 그 안식처

사실 무기력에 빠져 우울하게 살아간다는 것은 현실에 봉착한 어려움을 회피하는 좋은 수단이 되기도 합니다. 우울해짐으로써 자기를 보호하는 습관을 취하고 주변인들도 우울한 그를 돌보려 하는 태도를 취하게 되는데 이는 그의 우울함이 편하게 살기 위한 좋은 전략이 되고 있지는 않은지 살펴볼 부분이 되는 것이지요. 물론 이 과정은 무의식적으로 자신의 의지와 상관없이 일어나게 되므로 무기력한 그 자신도 근본 원인을 다른 것에서 찾고 있을 가능성이 더 큽니다.

내면아이 치유로 유명한 존 브래드 쇼는 이런 상태를 '슬픔에 중독된 상태'라 표현하기도 했습니다.

"그는 슬픔 속에서 편안함을 느끼게 되는 것이고 그 슬픔은 그의 무기(武器)가 되었다. 그리고 누군가에게 기대고 싶은 마음, 의지하고 싶은 마음도 무기력증에 취약하게 되는데 의지하고 싶은 욕구가 중심이 되어 삶을 살아가다 보면 자기의 욕구와 필요는 무시된 채 타인의 비위와 기분에 맞추는 것이 습관화된다."

그런 관계가 지속되다 보면 한 인간으로의 주체성과 자율성을 포기하게 되고 자기 주장과 바른 의사 표현을 하지 못하게 되어 진짜 자기의 모습과 개성을 잃어버리게 되는 것입니다.

이런 생활이 더욱 심해지면 자신이 무엇을 원하는지, 자신의 솔직한 감정이 무엇인지도 혼란스러워지고 자존감이 약해지면서 정신적 면역력 또한 약해져 버립니다.

어떠한 이유로든 무기력에 취약한 요소들을 가지고 있거나 또는 살아가는 동안 반복적으로 좌절 경험을 함으로써 우리의 자존감은 잦은 공격을 받게 됩니다.

키가 여섯 척이 되는 장군의 육체를 가진다고 하더라도 심리적 상처와 무기력 앞에서는 꼼짝없이 당하고 마는 것이지요.

그리스 작가 니코스 카잔차스키는 "자신을 구하는 길은 남을 구하는 길에서 찾게 될 것이다. 다른 이의 아픔을 공감하고 돌보다 보면 자신을 구하는 길을 찾을 수 있다"라고 하며, 우리가 공동체로부터 에너지를 받아 다시 그 공동체에 유익이 되는 삶을 살아가게 된다면 무력감에서 벗어날 큰 힘을 얻게 될 것이라고 강조하였습니다.

사실 여러분도 아시다시피 우리는 무인도에서는 살 수 없고 살아 있다 하더라도 정신적인 삶이라 할 수 없으니까요.

요즘은 1인 문화가 많이 발달하고 있다고 합니다. 혼자 밥을 먹기 위한 전용 식당도 등장하고 혼자 술을 마시며 영화도 여행도 혼자를 위한 일정이 인기가 많다고 합니다. 사실은 혼자 있을 수 있는 것도 중요한 능력 중 하나입니다. 하지만 지금 우리가 추구하는 '혼자'의 문화가 인간관계를 맺는 과정에서 갈등을 조율하는 것을 귀찮게 여기거나 개인의 편리만을 추구하기 때문에 문제가 되는 것 아닐까요? 이런 이유로 혼자의 삶을 추구하는 것은 정신적 삶을 포기하는 것이고 안주하려는 태도일 뿐입니다.

어떤 사람이 매우 소극적인 자세로 살아간다면 자신만의 공상 세계에 빠져 있을 가능성이 큰데 그들의 공상 세계는 안전한 회피처이며 안식처가 될 수 있을 것입니다.

현실의 문제를 해결하는 데 있어 용기가 부족하게 되면 공상 세계가 필요하게 됩니다. 그 공상은 상처를 받을 위험이 없기 때문에 안전하게 안식을 누릴 수 있게 되는 것이지요. 그들은 자신을 약하게 느끼는 탓에 인생에서 만나는 여러 가지 어려움을 맞닥뜨리기보다는 회피하며 다니는 우회로를 선택하게 됩니다.

우울증이나 신경증 환자를 곁에서 바라보다 보면 그들이 가족의 보살핌과 배려를 독차지하고 있는 모습을 적지 않게 발견합니다. 나약함이 오히려 힘과 권력을 지배하고 있다는 점은 결코 쉽게 간과할 수 없는 부분이며 우울하게 살아가는 삶은 무의식적으로 그들의 책임을 회피하기 좋은 구실이 되기도 하는 것이지요.

사실 무기력이란 증상은 그리 만만히 볼 녀석이 아닙니다. 위에 언급했던 것처럼 아무리 건강한 육체를 가져도 정신이 무기력으로 병들어가고 있다면 그의 육체적 건강도 더 이상 담보할 수 없게 됩니다. 우리의 정신과 육체는 죽음을 맞이하는 날까지 분리될 수 없기 때문이지요.

이렇듯 무기력의 증상이 하루 이틀의 문제가 아니라 인생의 전반에 걸쳐 고질적인 문제로 내게 찾아왔다면 이는 일생에서 넘어야 할 큰 과제가 아닐 수 없습니다.

무기력에서 벗어나려고 끊임없이 소일거리를 찾아 몸을 피곤하게 만든다고 하여도 그런 정도로 나에게서 떨어져 나갈 만만한 녀석이 아닙니다.

하루하루를 살아내고 있는 삶, 버겁게 일당을 채우듯 살아가는 삶, 힘겨운 숙제를 하듯 빨리 끝나길 바라며 살아간다면, 짐을 가득 실어나르는 당나귀처럼 매일같이 반복되는 특별할 것 없는 일상 속에서 '대체 내가 왜 태어난 걸까'라는 야속한 마음이 들기 마련이지요. 이렇게 되면 그에게 인생은 그 자체가 바로 고통(苦痛)입니다.

나의 두 발로 걸어라

　인간은 하루의 품팔이로 생명을 이어가는 존재가 아니라 꿈과 희망을 따라 움직이는 정신적(精神的)인 존재입니다. 살아내는 하루가 아니라 살아가는 하루가 되기 위해서는 인생의 의미를 다시 세우고 진정한 자기로 돌아가야 합니다. 정신을 단련하고 마음공부를 통해 정신의 의식 수준을 무기력보다 높은 수준까지 끌어올려야 근본적인 무기력에서 벗어날 수 있는 대책이 될 것입니다.
　타인에게서 받은 왜곡된 과거의 감정들을 꺼내어 점검하고 장밋빛 미래에 대한 환상이 내 것이 아니라면 과감히 버려야 합니다. 내가 어쩌지 못하는 것이라면 붙들고 한탄할 일이 아니라 미련 없이 버려야 합니다. 그리고 현실을 담담히 받아들이고 수용하십시오. 버릴 것을 다 버리고 나면 그 텅 빈 자리에 내게 남은 소중한 것이 서서히 불빛처럼 차올라오는 것을 느낄 수도 있습니다.
　진짜 나에게 필요한 것이 무엇이고 지금 내가 살아가는 이유가 무엇인지 의미를 가다듬어 보는 시간을 가짐으로써 인간으로의 진정한 주체성을 회복할 수 있을 것입니다. 그 순간 맞이하게 되는 고요한 침묵은 밤의 한 가운데 이슬을 머금은 씨앗처럼 내일 싹을 틔울 준비를 하는 생명의 에너지가 모이는 시간이 될 것이니까요.

늪에서 빠져나올 때처럼

무기력이라는 늪에 빠졌다면 순간적으로 불끈 솟는 충동의 힘으로 발버둥 치며 조급하게 나오려는 에너지가 솟아날 수도 있습니다. 왜냐하면 무기력하게 살아오는 가운데에서도 내면의 에너지가 응축되어 모여 있었기 때문이지요. 하지만 이런 에너지는 흔들려진 콜라병처럼 뚜껑을 열자마자 폭발하듯 거품이 되어 쏟아져 버립니다. 이때 에너지는 여기저기로 흩어져버리고 새어나가서 원래의 목적을 이루기 위한 힘을 모을 수 없게 만들기 때문이지요.

무언가에 순간적으로 집착해서 조울증처럼 폭발적인 의욕을 가진다는 것은 무기력의 뒤편에 있는 같은 모습일 뿐입니다. 무기력에서 빠져나오기 위한 조급한 여러 가지의 시도는 결국 인생의 의미 없는 공회전만 반복하게 되니까요.

진짜 구원은 신기루처럼 내 앞에 나타나지 않는다는 사실을 깊이 느끼는 자세가 필요하다고 볼 수 있습니다. 자신이 처한 냉혹한 현실을 바로 직시하며 또 그 현실 앞에 선 자신을 굳게 믿는 그런 태도로 나의 보폭과 두 다리의 힘을 믿으며 일어나 서서히 걸어 나와야 합니다.

그것이 한 번에 이루어지지 않아도 괜찮습니다. 그냥 몸에 힘을 뺀 채 그렇게 서서히, 서서히 내 발의 힘을 느끼며 걸어 나오기만 하면 되니까요. 모래사막이나 늪에 빠지게 되면 몸을 최대한 바닥에 붙이고 기어 나와야 하듯이 말이죠.

반갑지 않은 손님이라 하더라도 내게 왔을 땐 의미가 있을 것이니 외면하고 얼른 쫓아버리려 하기보다 어떤 이유로 이 시기에 내게 찾아왔는지 손님 대하듯 이유를 묻고 몇 번이고 사연을 들어주는 것은 어떨까요?

이후에 힘을 내어 일어나도 좋을 것입니다. 아마도 그 과정을 성실히 지키면서 관심을 기울여 보면 내면에서 작은 용기가 퐁퐁 솟아나고 있다는 것을 어느덧 느끼게 될 것입니다.

받기를 바라는 아이의 마음에서 벗어나 주체가 될 때에 우리는 진정한 어른으로 가는 길에 들어설 수 있습니다. 그렇게 가랑비에 옷 젖듯 찾아온 무기력이란 손님은 사실 자신을 향한 진정한 관심과 따스한 수용을 바라고 있었다는 것을 느끼는 소중한 시간이 될 수도 있을 것입니다. 여름의 따가운 햇살과 가을의 시원한 비바람에 곡식이 여물어 가듯 우리는 그렇게 어른이 되어 가는 것입니다.

망상을 낳는 두려움

"걱정은 흔들의자와 같다.
계속 움직이며 무언가 하고 있는 것 같지만 아무 데도 가지 않는다."

― 윌 로저스(Will Rogers) ―

저는 산책하기를 참 좋아합니다. 머리가 좀 복잡해지는 일이 있더라도 내가 자주 가는 앞산의 산책로를 한 시간 정도 걷다 보면 돌아오는 발걸음은 확실히 출발할 때와 참 많이 달라져 있습니다.

그 산책길의 초입엔 두 팔로 안아야 꽉 찰 만큼 크고 웅장한 나무들이 시원스레 서 있고 조금 더 걸어 들어가 보면 신라 시대에 지어졌다는 사연이 많은 작은 절도 나옵니다. 계곡물도 졸졸 흐르는 것이, 그곳에 잠시 머무르면 정말이지 내가 작은 새라도 된 것처럼 가슴 속에서 '지지배배' 노래가 저절로 나오는 것 같습니다.

그 길을 걸을 수 있는 두 다리가 있음에 감사한 마음으로 다녀오는 것이 하늘에게 올리는 기도가 되었을까요? 돌아올 때면 머리를 아프게 하던 그 문제가 반쯤은 덜어져 있어서 가슴에 있던 돌덩이 하나가 소화된 기분마저 들기도 하지요.

우리들의 삶은 온갖 걱정으로 뒤덮여 있다고 해도 과언이 아닙니다. 걱정이란 내 삶의 순간순간에 침입하여 행복을 **빼앗아가고 뼈가** 삭을 정도로 심신의 건강마저 앗아가게 됩니다. 예로부터 '걱정도 팔자다'라는 말이 있는데 과도한 걱정 속에 사는 사람은 자신의 인생을 실제로 부정적인 방향으로 끌고 들어가 스스로 팔자를 꼬이게 만들기도 하니 분명 걱정을 하는 습관은 팔자(八字)에 어떤 영향을 끼친다는 생각이 들기도 합니다.

우리는 왜 이렇게 걱정을 할까요? 물론 꼭 걱정이 필요할 때가 있습니다. 이사를 가야 한다든지 직장을 구해야 한다든지 갑자기 집안에 문제가 생겼다든지 가족이 아프다든지….

이럴 때조차도 막연한 걱정보다는 현실을 냉철하게 바라보고 이것저것 따져보는 생산적인 고민과 구분해서 생각하기를 권하고 싶습니다. 과도한 숙고를 포함한 지나친 걱정은 부정적인 생각과 막연한 기분으로 번지기에 십상이기 때문이지요.

과도한 숙고는 부정적 숙고

여기에서는 막연하고도 부정적인 느낌의 걱정과 과도한 숙고를 부르는, 바로 불안과 두려움에 대해 생각해 보고자 합니다. 걱정을 많이 하는 성격은 쉽게 변화되지 않는데 그 이유는 그 사람의 무의식의 저장고에 불안과 불신감이 가득 차 있기 때문입니다. 이런 감정들이 자신의 삶에 전반적인 영역에서 고루 퍼져 있다면 사실상 세상이나 사람과의 관계에서 진실한 소통은 어렵다고 볼 수 있을 것입니다.

불안과 불신이란 감정을 바탕에 두고 관계를 하다 보면 그가 사람을 대하는 태도에 있어 매사에 방어적으로 되기 쉬우며 상대방의 말, 행동, 표정 하나하나에서 자신의 불안정한 맘에 자극이 될 만한 증거들을 찾아내는 데 온갖 정신이 곤두서게 되는 것입니다.

타인에게 집중하지 못하고 자신의 두려움과 불안감에 정신이 팔린 상태에서 상대방이 전달하고자 하는 느낌이 제대로 느껴질까요?

그런 불안의 촉을 세우고 인간관계를 맺다 보면 불안은 더 심화되어 타인의 행동, 표정, 말들을 자기식대로 오해하고 자기식대로 판단해서 불필요한 갈등을 일으키게 됩니다.

상대에 대해 신뢰가 생기면 다가오다가, 조금이라도 의심스러워지면 물러서고, 자신에게 피해를 끼치게 될 것 같으면 화를 내는 등 그 불안감으로 인해 자기가 느낀 자기 생각대로 행동을 하는 것입니다.

상대방 입장에서도 '왜 저러지?' 하는 의구심만 증폭되어 이해할 수도 없는 엉뚱한 얘기들과 수시로 초점을 잃게 되는 대화가 껄끄러워져 결국 관계가 단절되는 경우를 곧잘 보게 됩니다.

자기 불신

어릴 적 부모나 타인으로부터 비난과 질책을 자주 받은 경험이 내면화되었다든지, 혹은 아이로서 마땅히 받아야 했을 수용과 공감, 약속이 어겨졌던 경험, 안전하고 믿을 수 있다는 느낌을 받지 못한 경우에는 자신을 드러내는 것에 대해 주저하는 마음과 끊임없이 의심이 올라오는 감정에 지배된 채 살아가게 됩니다.

다른 아이와 비교당하며 질타를 받았거나, 교사나 주변의 권력자로부터 실수와 잘못을 관대하게 용서받지 못하였을 수도 있을 것이며, 어떤 신체적, 정신적 학대의 상황에 노출되어 가해자의 화풀이 대상이 되었다면, 그 아이는 그들이 쏟아내는 부정적 감정의 쓰레기통 역할을 하게 되었을 것입니다. 하지만 아이는 정작 수치스러운 감정들을 비워 낼 곳이 마땅치 않기도 하고 표현할 방법도 몰라서 꾸역꾸역 맘속에 구겨 넣으며 살아가게 되었을 것입니다.

지속적으로 쌓이는 불쾌한 감정 속에서 수치심을 느끼면 무기력하게 되고 무기력을 느끼게 되면 매사에 자신을 탓하며 살아가는 것이 제일 간편한 해결책이 되어 버릴 것입니다.

상처받은 마음을 달래려 주문처럼 외운 '내 탓'은 내면에 열등감의 싹을 틔우게 되고 그 열등감으로 인해 점점 더 자신을 믿을 수 없게 되어 소심한 성격이 됩니다.

정신이 건강한 보통의 아이들은 세상에 대한 무한한 호기심과 열정을 가지고 있기 때문에 다소 외향적이며 크게 주저하거나 망설이는 법이 없습니다. 오히려 자신의 원함을 지나치게 강하게 피력해서 때론 어른들을 당황하게 만들기도 하시 않던가요? 하지만 존중을 받지 못한 아이는 외부로부터 받은 열등감의 씨앗을 받아들이고 가슴에 묻어 키우게 되는데 원래 자신의 것이 아닌 것을 받아들여 정성스럽게 불신의 씨앗으로, 그리고 불신의 나무로 받들어 키워내고 있는 꼴이 되어 버립니다.

망상은 정신을 분열시킨다

한마디로 불안과 두려움을 가지고 있다면 상대를 있는 그대로의 존재로 보는 것이 더욱 어렵게 됩니다. 인간관계에서 소통과 공감이 원활하지 않기 때문에 대화의 초점은 어긋나고 그들 사이에 크고 작은 오해와 갈등이 수시로 넘나드는 얄미운 방해꾼 하나가 생긴 것이나 다름없지요.

현재 있지도 않은 사실을 착각하여 보고 느끼고 생각하게 되는 것을 망상(妄想)이라고 하는데 바로 이런 불안과 불신은 망상을 만들어 내는 불씨가 됩니다. 그 때문에 상대의 행동을 오해하게 되고 더 심각한 경우는 타인의 평범한 행동조차도 자신을 괴롭히려는 의도로 착각하여 복수심이 생겨날 수도 있습니다.

망상을 일으키는 사고의 패턴은 정신 건강을 해치는 주범 중 하나입니다. 우리가 가장 심각하게 여기는 정신 질환으로 일컫는 정신분열병(schizophrenia, 지금은 조현병이라 칭함)은 전 세계 평생 유병률 1% 정도의 다소 흔한 정신질환입니다.

조현병은 가장 심각하게 보이면서도 치료가 어려운 정신질환인데 현실의 왜곡된 지각, 비정상적인 정서, 사고, 행동, 동기의 전반적인 손상을 수반하게 됩니다. 그러한 조현병의 그 첫 번째 대표적 증상이 바로 망상(妄想)이기 때문입니다.

들리지 않는 것을 듣고(환청), 보이지 않는 것을 보고(환시) 아무것도 자극이 없는 가운데 느끼는(환촉) 망상 속에서 세상과 관계를 하기 때문에 그 행태가 현실과 조화를 이룰 수 없는 것은 어쩌면 당연합니다. 이렇듯 망상은 명백히 잘못된 믿음인데도 불구하고 그 믿음을 지속적으로 유지하게 되는 것이라 할 수 있습니다.

그 다음의 증상은 비조직적인 언어의 사용입니다. 조현병을 앓고 있는 사람과 대화를 하다 보면 하나의 주제를 유지하지 못하고 여기저기로 말이 흩어지며 모순적인 내용과 황당한 전개로 이어지게 됩니다. 그 말을 유심히 듣고 있으려 노력해도 무슨 말인지 알아듣기도 어렵고 핵심이 없다는 것을 금방 알아차리게 됩니다. 한마디로 그와의 대화는 산으로, 산으로 가게 되어 버립니다.

또한 음성 증상으로는 정서적으로 무뎌지는 증상이 있는데 세상의 변화와 자극에 대해 무감각하고 무관심하게 되어 정서적인 반응이 상실되기도 합니다.

바로 이러한 망상적 사고는 후천적으로 분열을 가지고 올 수도 있는 만큼 인간의 정신생활을 송두리째 빼앗아갈 정도로 위험한 사고방식이라는 것입니다.

지금-여기에 살 수 없게 만드는 불안감

모든 정서에서 학대와 방임의 외상으로 인한 핵심적인 정서가 바로 두려움과 불안입니다. 두려움이란 심신이 해를 입을 것 같은 느낌이며 과거에 정신적, 신체적으로 받은 외상의 치유가 제때 이루어지지 못하여 아물지 않은 상태로 고스란히 남아 있는 것입니다.

무엇인가가 덤벼드는 느낌, 어두운 곳에서 홀로 남겨진 무방비 사태, 도움받을 수 없을 것 같은 느낌, 기대했던 것에 대한 지나친 좌절, 신체적 위협에서 보호받지 못하는 느낌 등 약하고 어렸던 시절에 느꼈던 불안들이 그대로 남아 현재의 삶의 곳곳에 영향을 미쳐 지금 여기에 깨어 있지 못하는 불행한 나날들을 보내고 있는 것입니다.

망상으로 인해 세상의 만물이 고요히 잠든 밤의 한가운데에서도 걱정과 잡념의 만리장성을 쌓고 내일 아침에 몽땅 부수는 일을 반복하기 때문에 정작 현실에서는 작은 성취조차도 이루어내는 데 어려움을 느끼게 됩니다.

망상으로 지은 것은 아무리 거창한 것이라 할지라도 허상일 뿐입니다. 허상은 물거품과 같다는 의미이며 현실에서의 진짜 삶이란 그것이 쌀 한 톨일지라도 자연과 인간이 서로 돕고 땀 흘려야 겨우 거둬들일 수 있는 것입니다.

우리는 두려움과 불안이 일으키는 망상에서 벗어나야 합니다. 망상에서 벗어난다는 것은 현실로 돌아온다는 것이고 사소한 것에 맞춰 세상을 바라보던 눈을 더 큰 자연의 법칙으로 바라볼 수 있도록 능력을 갖춘다는 것이기도 합니다.

두려움이라는 허상의 강적 앞에서 그것을 이기는 방법은 바로 대결(對決)하지 않는 것입니다. 걱정을 한다는 것은 두려움에 계속 먹이를 주는 꼴이 되어 버리니까요.

모든 인간은 결국 죽는다는 것, 그리고 인간뿐 아니라 세상의 모든 것에 영원한 것이 없다는 것, 불교의 수행 목표인 무념무상(無念無想)이라는 의미를 희미하게나마 한번 새겨본다면 밤새 머리를 아프게 하던 그 문제들이 아주 사소해 보일 수도 있을 것입니다.

희생보다는 사랑

"꽃을 사랑한다고 말하면서도 꽃에 물을 주는 것을 잊어버리는 사람을 본다면 우리는 그 사람이 꽃을 사랑한다고 믿지 않을 것이다. 사랑이란 우리가 사랑하는 사람에 대한 생명과 성장에 내한 적극적인 관심이다. 이것이 없다면 사랑도 없다."

– 에리히 프롬(Erich Pinchas Fromm)

우리나라의 어머니들은 대부분 헌신적입니다. 세계적으로도 '한국 아줌마'라는 대명사가 있을 정도로 참고 견디는 힘이 남다르고 가족을 위해 해야 하는 것이라면 자신에게 있는 마지막 땀 한 방울이라도 짜서 바칠 수 있는 사람들이 바로 우리들의 어머니이니까요. 하지만 또 달리 생각해 보면 그 한국 아줌마도 예전에는 한 소녀였고 곱고 여린 여성이었을 터인데 '아이를 낳게 되면 신(神)이라도 되는 것일까?' 하는 의문이 듭니다.

사실 전통적인 한국 문화에는 어머니들의 희생을 매우 가치 있게 여기는 문화가 있었습니다. 이런 어머니에게는 '훌륭한 어머니상', '훌륭한 며느리상'을 수여했으니 아마 우리 모두의 마음속엔 그런 어머니가 훌륭한 어머니라는 인식이 뿌리 깊게 박혀 있을 게 뻔합니다.

가족들이 식사하고 남은 나머지 음식을 부엌 뒤편에서 허술하게 앉아 드시거나 가부장적인 아버지의 불같은 성격에도 늘 참고 온화한 마음으로 자식들을 챙기시는 모습, 알뜰히 살림을 살아 모은 돈으로 자신을 위해 쓰지 않고 아이들 옷이라도 한 벌 마련해 주려 하는 희생적인 모습이 바로 우리들의 한국 어머니의 모습입니다.

무조건 참는 것은 희생이 아니다

희생(犧牲)이란 얼마나 숭고한 단어인가요? 아마 우리가 예수님이나 부처님을 오랜 세월 동안 변함없이 그분들을 정신적 부모로 모시는 것도 진정한 사랑과 순수한 희생을 느꼈기 때문일 것입니다.

　기본적인 인간의 욕구는 매우 이기적일 수밖에 없는 것이 사실이기 때문에 평범한 우리 인간들은 이렇게 순수한 희생정신만으로 살아가기는 어려울 것입니다. 그렇다면 우리의 어머니들이 가족과 자식을 위해 희생하는 그 힘의 뿌리는 어디에서 비롯된 것일까요?

　아마도 어머니로서의 의무와 책임을 다하려는 굳은 의지와 우리 문화가 요구하는 훌륭한 어머니상을 닮아가기 위해서 정작 자신은 한 인간으로서의 진실된 감정과 욕구를 억압하고 참고 억누르며 살아가고 있는 것이 아닐까 합니다.

　부부관계의 전문가들이 하나같이 하는 얘기가 있는데 격렬하게 싸우는 부부는 그나마 관계 회복의 불씨가 남아 있다고 여깁니다. 하지만 가장 위험한 부부는 한 번도 싸우지 않고 살아왔다고 당당히 말하는 부부인데, 우리가 흔히 말하는 '쇼윈도' 부부일 가능성이나 한쪽 배우자가 일방적으로 불만을 억누르고 살아가고 있을 경우가 대부분이라는 것입니다. 일방적으로 불만을 억누르는 이유가 무엇이든 간에 그 마음에 사랑이 싹틀 수 없다는 것은 분명할 것 같습니다.

　부부가 정서적으로 친밀하다는 것은 사랑의 조건이기도 하고 행복한 가정의 필수적인 요소이며 싸운다는 신호가 바로 그런 감정이 조금이나마 남아 있다는 뜻이기 때문입니다.

엄마가 행복해야 아이도 행복하다

'Hwa-Byung(화병)'이라는 한국식 표기 그대로 등재된 정신질환이 있습니다. 그 증상은 억울한 마음을 삭이지 못하여 통증, 답답함, 불면 등의 신체적 문제로 나타나는 증세를 통틀어 이르는 말로, 한국에만 존재하는 문화고유장애로 알려져 있는 것이지요. 한국의 어머니라면 누구나 공감이 될 만한 이 증상은 어머니의 정직한 감정을 희생시키는 대가로 몸과 마음이 망가져 가고 있다는 것을 뜻하기도 합니다.

저는 여기서 그 무자비한 희생의 부작용에 대해 언급해 보려 합니다. 그 첫 번째 이유는 부모님이 자신을 스스로 사랑하고 자존감을 유지하며 독립적인 태도로 살지 않는다면 자녀 또한 그렇게 살지 못하게 되기 때문이죠.

'너는 절대 나처럼 살지 말아라' 하며 희생과 봉사로 열심히 키운다고 하더라도 자녀들은 어머니처럼 감정과 관련된 문제인 정서장애를 겪게 되고 감정처리에 미숙한 답답한 인생을 살아가게 됩니다.

앞서 얘기했듯 아이들은 사고의 체계가 완성되지 않았기 때문에 감각을 통해 세상을 배우게 됩니다. 이미 부모님의 행동이 감정을 억압하며 살아가는 것이 최선이라고 몸소 보여 주고 있기 때문에 아이들이 그 방식을 우선적으로 배우게 되는 것은 당연한 이치입니다.

자녀가 보고 배워온 부모의 삶이 인간적이고도 자연스러운 감정조차 꾹꾹 눌러 참는 어머니와 세상살이에서 느끼는 답답함을 늘 밖으로 떠돌며 해소하시던 아버지라면, 아이들에게는 억압하며 사는 어머니의 방식과 회피하며 살아가는 아버지의 방식, 이 두 가지가 세상을 살아가면서 취할 가장 우선적인 태도가 됩니다. 그 방법조차 쓰지 못하게 된다면 그 아이는 인생의 롤모델을 찾지 못해 여기저기 벽에 부딪히며 살아가는 힘겨운 출발선에 서게 될 수도 있습니다.

 사실 인간의 인내심이란 그 사람의 정신력의 척도가 될 수 있을 정도로 강인함을 설명해 주는 대표적인 감정입니다. 하지만 그 한계를 넘어선 무분별한 억압은 감정을 산 채로 매장하는 것이나 다름없는 잔인한 생각입니다. 제대로 이해 한 번 받지 못하고 매장당한 감정은 그 사람의 내면에서 정신을 갉아먹으며 자신을 불행한 삶으로 이끌고 가게 됩니다.
 우리의 자아는 어떻게든 무의식적으로 균형을 잡으려 시도하기 때문에 억압된 감정적 반발심은 곧 터질 것 같은 풍선처럼 부풀려지게 됩니다. 이러한 감정들을 항상 최고 수위로 억압하지 못하기 때문에 감정이 건드려지기라도 하는 날에는 즉시 발산하며 엉뚱한 곳에 화, 슬픔, 원망을 흩어버리고 다니게 될 수도 있지요.
 이 과정에서 현재를 바라보는 관점이 객관성을 잃고 이성과 행동이 혼란을 일으키게 되면 망상의 뿌리가 자라나게 되는 것입니다. 이 정도의 상황까지 내버려 두게 되면 그 사람이 느끼는 세상은 온통 뒤죽박죽 되어 버립니다.

 예를 들어 어떤 직장인이 많은 스트레스를 주는 동료와 갈등이 해결되지 않은 채 직장생활을 하고 있다고 해 봅시다. 아마 그 스트레스를 해소하기에는 마땅히 받아줄 이도 없기 때문에 그저 하루같이 참고 또 참으며 넘어가려 할 것입니다. 또한 당사자와 마주하여 갈등을 풀기에는 이것저것 다 생각해 봐도 거의 불가능에 가까웠을 수도 있었을 것입니다.

인내심이 견딜 수 없는 수위에 이르게 되면 슬금슬금 가까운 사람들을 향해 좀 까칠해진 모습으로 사소한 것에 불만을 터트리거나 짜증이 많아지기 시작할 것입니다. 그리고 괜한 신경성 위장장애가 생겨 속앓이를 하게 될 수도 있고 답답한 마음을 술로 달래며 살아갈 수도 있습니다. 혹여 직장에서 스트레스를 주던 그 사원과 비슷한 행동과 말을 하는 사람을 보게 되면 무의식적으로 어마어마한 분노를 터트려 그간 쌓아둔 감정을 한 번에 몽땅 퍼붓게 될 수도 있습니다.

사실 이러한 문제가 발생하게 된 원인은 직장에서 자신에게 스트레스를 주는 그 당사자와 풀어야 할 문제를 억압하고 회피한 것을 이유로 일파만파 문제가 확대 재생산되고 있는 것입니다.

그렇다면 '그 당사자와 복수의 혈투라도 벌이라는 말인가?'라고 의문을 던질지 모르지만, 적어도 그 감정을 일으킨 원인이 회사 상사를 향한 분노가 해소되지 않아서라는 사실을 자각이라도 한다면 그 심각성이 더 깊어지는 것을 막을 수 있습니다. 그렇게 되어야 비로소 그 문제를 풀어 나갈 수 있는 시작점에 서게 됩니다.

감정처리 방법도 부모에게 배운다

대부분의 무의식적으로 나타나는 감정의 문제의 경우 전문적인 상담 과정이 없이 독학으로 발견하기란 쉽지 않습니다. 자신이 그렇게 살아갈 수밖에 없다는 합리화와 변명으로 고집스럽게 세상에 대항하고 사람들에게 적대감이 생겨나지만 그 틀을 손수 깨줄 사람은 아무도 없을 테니까요.

그래서 심리 상담을 하는 전문기관에서는 그룹 상담에서 여러 집단원의 피드백을 통해 자신을 바라보고 점검하는 과정을 격려하게 됩니다. 그러한 피드백은 타인의 관점에서 보는 솔직한 감정을 듣게 되므로 자신의 생각과 습관에 휩싸여 볼 수 없었던 현재의 상태를 좀 더 객관적인 관점으로 바라볼 수 있도록 도움을 주니까요.

화가 나는 순간에 인내하고 참고 견디어 보려는 의도는 너무나 기특하고 갸륵하다 할지라도 무분별하게 억압된 감정, 한 번도 느껴보지 않고 밀어 넣어둔 감정은 문제가 해결되고 있는 것이 아니라 자신의 존재감을 망가뜨리고 있다는 것을 알아야 합니다.

문제가 생기면 문제를 풀어내야 합니다. 너무나 당연한 얘기겠지만 참고, 회피한다고 해결되는 것이 아니지요. 게다가 해결하지 않고 미뤄둔 시간만큼 그 문제는 이자가 붙어 더 커져 있을 것입니다. 그 신호는 신체적인 신경증적 증상으로, 인간관계에서 오해와 갈등을 일으키게 되는 불씨로, 자녀에게 문제가 발생하는 형태로, 수시로 표출되는 무력감과 분노로 나타나게 되는 것입니다.

　부모님의 감정적인 희생으로 인한 두 번째 부작용은 어머니에게서 해소되지 않은 억압된 감정들이 미쳐 닫히지 않은 틈새를 통해 상대방에게 육감으로 전해지게 된다는 것입니다.
　겉으로 아닌 척하며 내색하지 않으려 애쓰는 것은 별다른 소용이 없다고 말해 두고 싶습니다. 특히 감정 교류가 잘 이루어지는 가족 간의 관계에서는 말이나 행동뿐만 아니라 무언의 몸짓인 표정이나 느낌으로 그 분노와 짜증이 전달되기 때문입니다.
　어머니가 자신을 드러내어 서로를 수용하고 편안하게 대화하는 능력을 가지고 있지 않기 때문에 아이들의 입장에서는 참고 사는 엄마의 모습을 불쌍하게 느끼기도 하지만, 꽉 막힌 벽 같은 느낌을 주는 엄마가 답답하게 느껴져 짜증이 날 수도 있습니다. 아이는 자신의 다양한 감정을 표현하는 방법을 모르고 받아주는 사람도 없다 보니 어머니와 같이 억압하는 방법을 선택하게 됩니다.
　저렇게 꾹 참고 사는 불쌍한 어머니의 모습을 보고 불만을 표현한다는 것은 엄두도 내지 못할 일이 되는 것이고, 반항했다가는 일상에서 마주해야 하는 불쾌한 감정의 기류를 감당할 수 없기 때문에 자녀들 또한 그 감정을 회피하거나 억압할 수밖에 없을 것입니다. 그리고 그것이 아이들이 할 수 있는 가장 간편한 해결책이 될 수도 있으니까요.
　결국 참고 있던 화와 짜증은 어떠한 계기를 만나면 폭발하게 되거나, 참음으로 인한 스트레스는 여러 가지 신경증적인 증상으로 고질적인 병에 걸리게 되는데 그런 식의 화의 분출은 결국 자신을 망치게 되어 상대와 자신에게 화를 반복해서 입히게 되는 엉뚱한 결과를 가지고 오게 됩니다.

정서적 학대는 의도치 않게 이루어진다

한국의 어머니들은 정말 바쁩니다. 집안일을 하기에도 벅찬데 아이의 학업 문제, 남편 뒷바라지, 시댁과 친정의 대소사를 챙기는 것만 해도 하루가 모자랄 판입니다. 요즘은 직장일까지 병행하는 분들도 많다고 하니 몸이 서너 개가 된다 해도 다 해낼 수 없을 정도입니다. 여기에다 좋은 부모가 되는 노력을 더 해야 한다니 참으로 한숨이 나오지 않을 수 없을 테죠.

이 많은 일들을 만능 인간처럼 다 해내고 있다 하더라도 어머니가 자신의 행복을 희생하는 대가로 살아가고 있다면 아무 소용 없는 일입니다.

사실 위에서 언급한 그런 '일'들은 어머니가 아니더라도 누구나 대체할 수 있는 것입니다. 집안일은 도우미가 더 전문가이고 아이 학업 문제는 선생님이 더 전문가입니다. 그리고 부지런히 주변 사람들을 챙기더라도 감사한 마음이 아닌 의무로 하고 있는 '일'이라면 어머니로서 살아가는 것이 아니라 가정부로, 선생님으로 또한 문제해결사로 살아가는 것이나 마찬가지입니다.

가정에서 어머니가 아니면 그 누구도 대체할 수 없는 역할은 무엇일까요? 그것은 바로 사랑입니다. 세상살이 연습을 하다 좌절감이 들 때면 아이들은 언제든지 달려가 엎어져 울 수 있는 어머니의 넓은 치마폭이 필요합니다. 어머니는 모든 것을 뒷전으로 두고 아이의 마음과 함께해 줄 수 있는 여유, 그것이 바로 어머니가 세상에 존재하는 이유이고 아이들이 어머니를 통해 받아야 하는 것이지요. 어느 시인의 말처럼 사람은 밥을 먹지 못해도 죽을 수 있지만 작은 사랑을 받지 못해 죽어가는 사람도 있으니까요.

이런 역할의 우선순위가 바뀌게 되면 앞에서 언급했듯 어머니는 어머니가 아니라 만능 해결사나 일꾼이 되어 버리는 것입니다.

완벽한 일꾼으로 살아가려는 어머니도 인간이기에 한계에 다다르면 사소한 잘못이나 실수에 예민한 반응을 보인다든지 또는 왠지 모르게 우울하고 무기력한 느낌으로 살아갈 수밖에 없습니다.

그것도 그럴 것이 이미 어머니의 마음속에는 힘든 감정이 너무나 가득 차서 더 무언가를 밀어 넣기엔 터져버릴 것 같기 때문이죠. 바로 이런 어머니의 상태(?) 때문에 사랑하는 자녀에게 의도치 않은 정서적 학대를 하게 되는 것입니다. 이쯤 하면 어머니 자신이 스스로를 사랑하고 돌보아야만 가족을 사랑할 수 있는 능력이 생긴다는 말을 이해할 수 있을 것입니다.

한 개인이 수용할 수 있는 감정의 한계를 넘어선 부정적 감정들을 억압하는 방식만으로 자신의 내면에 쌓아두고 살아가게 되면, 성격 안에서는 억압하는 힘과 억압당하는 힘의 전투로 인해 많은 에너지가 소진됩니다. 또한 갈등을 방치하기엔 정신적으로 힘들기 때문에 그럴듯하게 형식적인 조화를 만들어 내기에 급급하게 됩니다.

내면의 진실된 마음과 그 사람의 말이나 행동이 일치되지 않은 형식적인 조화는 결국 가식(假飾)이기 때문에 상대방에게 약간 혼란스러운 느낌으로 전달되며, 이것이 누적되다 보면 부모는 정신적으로 무능해지고 부부나 자녀와의 관계에는 금이 가게 되는 것이지요.

부모 자신의 치유되지 않는 감정으로 인하여 아이에게 그 독성이 고스란히 전달될 것이 불 보듯 뻔합니다. 이러한 방식으로 의도하지 않았던 정서적 학대가 일상화되어 간다는 것은 정말 안타까울 따름입니다.

자녀에게 부모는 삶의 스승이다

아이들은 부모와 나누는 대화와 관계에서 많은 것을 배워야 하고 배우게 됩니다. 언어를 통한 대화는 인간만이 가능한 감정 교류의 방식이며 자신의 생각과 존재를 표현할 수 있는 가장 효과적인 방법이기도 할 테니까요.

정신이 건강하다는 것은 그 사람의 말과 행동, 정신이 균형을 이룬다는 것과 같은 말입니다. 무조건 억압하지 않고 대책 없이 표출하지도 않으며 적당히 드러내고 표현하는 것은 정신건강의 조건이기도 하고 정신이 건강하다는 증명이 되기도 하니까요. 바른 대화의 방법과 그 과정에서 이루어지는 많은 감정의 교감들은 그 자체가 가장 유용한 삶의 교육이 되고 갈등을 해결하는 지혜를 가르쳐 줄 수 있는 살아 있는 최상의 교육이 됩니다.

만약 부모가 정신의 건강을 스스로 해치는 생활을 반복하게 되고 소통이 되지 않은 채 대충 메우듯 살아간다면, 아이들은 부모가 해 온 감정처리의 방식을 자연스럽게 배우게 됩니다. 그 결과로 자녀들은 그들이 참을 수 있는 데까지 억눌러 참다가 화를 버럭 터트리게 되고 열등감 때문에 눈치를 보며 살아가는 게 익숙해집니다. 또한 세상을 향해 자신을 자유롭게 드러내지 못하고 가식적으로 살아가거나 모든 것을 자신의 탓으로 돌리며 늘 주눅이 드는 것이 습관이 되어 성격으로 굳어져 버릴 수도 있지요.

대화하는 능력과 감정적 교감을 통해 아이들에게 다가가세요. 어머니가 '해야만 하는 일들' 때문에 집안의 해결사가 되려는 집착을 놓고, 어머니로 존재하는 이유를 다시 찾아야 합니다. 어머니가 나를 보호하셨듯이 아이들에게 자신을 보호할 수 있게 가르치고 아프고 힘들 때 기력을 회복하도록 이끌어 줄 삶의 스승이 되어 주어야 합니다.

지금-여기에서의 명상

어머니의 심리적 치유가 가정의 행복을 위해 우선되어야 한다는 것을 이제 이해하셨을 것입니다. 어머니의 치유를 위해서 가장 우선이 되는 것은 근본적인 자기 이해의 과정이라 할 수 있으며 그 과정 전반에 걸친 명상적인 자세는 바쁜 현실 속에서도 정신의 균형을 이룰 수 있는 좋은 습관이 될 것입니다.

불쑥불쑥 나타나는 현실의 자잘한 갈등들을 대할 때, 또는 부정적 감정을 해소하기가 어려울 때 선택할 수 있는 방법으로 '명상(瞑想)'을 추천해 보고 싶습니다. 명상의 기법 중에 가장 기초가 되는 것이 바로 '호흡명상'이라 할 수 있는데요. 호흡 명상은 어디서든 언제라도 할 수 있는 천연 신경안정제 같은 것이라 생각해도 좋을 것입니다.

허리를 곧게 펴고 바른 자세를 유지한 채 눈을 살짝 감으며 자신의 호흡에만 집중해 보세요. 숨을 들이쉬고 내쉬는 그 감각에만 깨어 있음으로 내 몸이 새로운 공기로 순환되는 느낌을 느끼게 되면 그 과정이 단 10분이라 하더라도 큰 도움을 받을 수 있게 될 것입니다.

우리는 물을 마시지 않고, 밥을 먹지 않고도 최소한 며칠은 견딜 수 있으나 호흡을 참은 상태로는 단 5분도 견디지 못합니다. 이렇듯 인간 생명 유지의 기초가 되는 호흡은 세상과 소통하는 기본 통로가 됩니다.

명상의 과정은 심리적 긴장과 잡념에 시달리는 현대인의 복잡한 마음을 내면의 세계로 안내해서 마음을 안정시키는 훌륭한 결과를 가져오기도 하지만 호흡명상 자체가 신체적으로 보면 매우 적극적인 숨쉬기가 되기도 합니다.

견디기 힘든 무거운 감정을 참아내야 할 때나 걱정으로 긴장에 휩싸인 상태일 때 우리의 호흡을 살펴보면, 감정을 억누르려 애쓰는 그 힘든 순간에 숨쉬기마저 함께 억압되는 것을 관찰할 수 있습니다. 생명 유지에 가장 기본적인 외부와의 생존적 소통인 숨쉬기가 이렇게 수시로 단절되는 것입니다.

저는 아침마다 가는 숲속 산책길 끝에 있는 작은 정자에 앉아 10분 정도 명상을 하고 돌아오곤 하는데, 새소리, 물소리가 어우러진 그곳에서의 깊은 호흡은 아침밥을 챙겨 먹을 때보다 훨씬 더 든든하게 느껴져 산책을 하러 갈 때마다 야무지게 챙기는 습관 중 하나입니다.

고요히 숨결의 안내를 따라가다 보면 정수리부터 손끝, 발뒤꿈치까지 산소 방울이 온몸을 돌아 나오는 느낌을 받게 되고 그런 느낌이 사실일지 모르지만 확실히 가슴속에 맑은 공기의 에너지로 충전되는 것을 느낍니다. 오직 내게서 나온 내 호흡만으로 실컷 향유하는 그 명상의 시간은 나만의 특별휴가처럼 행복한 순간이 되기도 하니 밥 먹기보다 좋을 수밖에요.

자녀를 진정으로 사랑한다면 부모는 자신을 진심으로 사랑하는 방법부터 배워야 합니다. 자신에게 주는 잠시의 여유, 휴식과 더불어 부모 자신의 심리적 치유는 부모의 자존감을 회복하고 행복하게 살아가는 길이 될 것입니다.

부모가 행복한 삶을 누리게 된다면 자녀는 행복한 삶을 느낌으로, 지혜로운 대처로, 승화된 방식으로 자연스럽게 따르고 배워나가게 될 것입니다.

  정신이 건강한 자녀는 정신이 건강한 부모의 결실이라는 것은 진리이며 대부분의 상담 교육과 부모 교육의 기초는 바로 정신을 건강하게 하는 마음공부가 근간이 되어야 한다고 생각합니다. 그리고 그 마음공부가 바로 심리학(心理學)인 것입니다.

"자신에게 가치가 있다고 생각할 때만 용기를 얻을 수 있다."

- 알프레드 아들러 -

신경증적 불안

보통의 사람들은 어떨 때 불안을 느끼는가요? 높은 빌딩의 꼭대기에 올라갔을 때나 무서운 짐승을 만났을 때, 또는 생명과 존재의 위협을 느끼는 그 어떤 사건이 예고되었을 때, 누군가와 경쟁을 해야 할 때나 큰 시험을 앞두었다면 적지 않은 불안감을 느낄 것입니다. 이러한 상황에서 불안을 느끼지 않는다면 그는 오히려 더 위험한 상황에 처할지도 모를 일이지요.

학창시절 경험을 되돌려 보면 시험을 치는 날 아침에 했던 공부가 그 전 일주일간 했던 공부를 능가하는 초인적인 암기력을 발휘한 기억이 떠오르곤 합니다. 그런 경험 때문인지 몰라도 미리 해 두어야 할 어떤 과제들도 때론 마지막까지 미뤄두었다가 후다닥 해치우는 방식을 자주 애용하기도 하지요. 이처럼 불안(不安)을 느낄 때 우리는 우리 자신의 에너지를 총동원하게 되고 자신을 보호하고 생존하려는 인간의 기본적인 본능의 능력을 한껏 발휘한다고 볼 수 있습니다.

비정상적인 불안감

이런 경우는 어떨까요? 예를 들어 어떤 젊은 여성은 사람이 많이 모이는 곳에만 가면 불안을 느껴 식은땀을 흘리고, 어떤 성인 남성은 이성 간의 갈등이 두려워 아예 여자 친구를 사귀지 않고, 어떤 이는 자신보다 지위가 높은 윗사람만 보면 온몸이 굳어버리고 과도하게 주눅이 든다면 우리는 이러한 문제에 대해서 그 당사자가 느끼는 불안감이 보편적이지 않다는 것을 직감할 수 있을 겁니다.

　이렇게 극단적인 사례가 아니라 하더라도 우리는 종종 특별히 불안감을 일으키는 문제들 앞에서 혼란을 느끼거나 주저하게 될 때가 있습니다. 실제로 우리가 겪는 반복되는 어려움이란 풀리지 않은 인생의 숙제들이며 그런 종류의 경험에 대해서는 근본적인 해결 단계인 통합(統合)을 이루지 못했다는 뜻이기도 하니 내게 반복해서 찾아오는 비슷한 종류의 혼란을 무시할 수 없는 이유이기도 하지요.

　많은 생각을 하게 만드는 반복되는 어려움 앞에서 '다시는 저 구멍에 빠지지 말아야지', '제발 정신을 차려야지' 하며 각오를 해 본다고 하더라도 같은 실수를 반복하게 된다면 이것은 결국 조심하려는 '생각'을 하는 것으로 해결되는 문제가 아니라는 것임을 알 수 있습니다.

　금세 이해되지 않을지 몰라도 반복해서 실패하는 강박적인 문제들은 '사고의 문제'가 아니라 바로 그 사람이 특징 상황에서 느끼는 '감정의 문제'이기 때문입니다.

　인도의 철학자 고빈다 바가바트파다는 "우리의 마음으로부터 비롯되지 않은 것은 결코 우리를 다치게 하거나 괴롭히지 못한다"고 하였습니다.

　우리는 사실 한 번도 뱀이나 호랑이로부터 직접적인 위협을 당한 적이 없지만 뱀이나 호랑이 사진을 보면 누구나 위협적인 느낌을 갖는 것입니다. 부모님이나 선생님, 또는 누군가의 가르침으로부터 두려움은 학습이 되었고 실제로 우리 앞에 호랑이가 나타난다면 분명 우리는 죽을힘을 다해 도망갈 것입니다.

결국 다른 감정과 마찬가지로 두려움 또한 주관적인 믿음, 학습의 결과로 인해 생겨난 감정이고 자신의 주변에 중요한 타인으로부터 받은 간접 경험으로부터 더욱 강화되어 개인적인 굳은 신념으로까지 발전하게 되는 것입니다.

지배당하는 것을 원하는 사람들

두려움이나 불안의 감정을 많이 가진 사람들의 특징을 보면 타인의 눈치를 자주 보며 살아가는 것을 알 수 있는데 자녀가 부모의 눈치를 보고, 학생이 선생님의 눈치를 보며, 하녀가 주인의 눈치를 본다는 것은 바로 그 대상이 가지고 있는 지배력(支配力)을 인정한다는 것과 같은 뜻이기도 합니다. 눈치가 너무 없어서 듣지 않아도 될 비난을 듣고 사는 것도 문제가 될 수 있지만 지나치게 주변의 눈치를 보는 것은 주체적인 한 개인으로 관계하는 것이 아니라 상대의 요구에 맞춰 살아가려는 꼭두각시가 되어 '눈치'라는 줄을 달고 사는 것이지요.

만약 이미 성인이 된 어떤 이가 늘 주변의 눈치를 보며 스스로 위축된 삶을 살아간다는 것은 무엇을 뜻하는 것일까요?

그는 자신에 대한 자기의 지배력보다 외부의 지배력에 더 의미 있는 기준을 둔다는 것이겠지요. 그 지배력에 대한 무의식적 이끌림의 기준은 각 개인마다 다를 텐데 어떤 이는 물질이나 명예에 끌려다니고, 어떤 이는 사랑이나 돌봄에 끌려다닐 수도 있을 것입니다. 한마디로 무언가를 절실하게 필요로 하는 이유로 인해 자신의 인생에 중요한 지배력을 타인의 손에 넘겨주고 자신은 기꺼이 그 속박과 복종의 삶 속에 있으려 한다는 것입니다.

당연히 자신이 쥐고 있어야 할 자신에 대한 지배권을 누군가에게 맡기려 하고 수동적인 삶을 택하게 되는 원인을 살펴보는 것은 중요한 치유의 과정이 될 것입니다. 그렇다면 그가 인간으로서의 권리인 인생의 중요한 힘을 왜 타인의 손에 넘기려는 걸까요?

그들의 삶의 패턴을 살펴보면 사고와 감정이 위축된 채로 살아가는데 여기서 우리는 일반적인 의존심(依存心)을 발견할 수 있습니다. 예를 들어 돌봄과 사랑을 간절히 필요로 하게 된다면 누군가에게 기대고 싶고 의존하기를 바라면서 최대한 자신을 위축시키고 숨죽여 살아갈 수밖에 없습니다.

그런 위축감 속에서 부지런히 눈치를 보며 살아감에도 불구하고 존재의 안정을 보장받을 수 없거나 마지막 자존심이 건드려지는 느낌을 받는 날에는 자제할 수 없는 화와 불안이 소용돌이쳐서 자신도 타인도 감당하기 어려울 정도의 화가 솟구치기도 하겠죠.

다시 말해서 위축되고 눈치 보는 삶의 방식은 회피의 방식이라고 할 수 있고 화를 터트려 긴장을 해소하는 것은 투쟁의 방식인데, 이들은 인간관계나 사회문제로 인해 일어나는 심적인 갈등을 회피와 공격의 방식으로 대처해 가며 살아가고 있다는 것입니다. 그리고 그 인생 패턴의 원인은 바로 불안감과 뿌리 깊은 의존심이라 할 수 있습니다.

가볍게 유추해 본다면 우리가 몹시 불안할 때 누구를 가장 먼저 찾게 되던가요? 모두 비슷하리라고 생각이 되는데 깜짝 놀랄 어떤 일이 생기거나 불안할 때 우리는 저절로 '엄마'라고 소리치지 않는가요?

실제로 '엄마'라는 그 말속에 들어 있는 의미는 아이의 생존을 위해 먹이고 입히며 잠자리를 제공하고 어떠한 위험이 닥쳐도 제일 먼저 달려와 그 순간에 나를 보호할 사람입니다. 그렇기 때문에 엄마는 나의 불안을 즉각 달래주고 맘 편히 의존할 수 있는 대상을 정의하는 대표적이고도 세계적인 대명사인 것입니다. 아시다시피 엄마라는 존재는 아이의 생활 전반에 걸쳐 막강한 지배력을 행사합니다. 보호라는 전제하에 말이죠.

어린 시절의 상처

어린 시절부터 형성되어온 치유되지 않은 불안을 신경증적 두려움이라고 일컫습니다. 자신만의 은밀한 불안감은 해묵은 감정의 무의식에 도사리고 있어서 그 원인을 찾기도 어려울뿐더러 현재 일어나는 감정의 자각도 쉽지 않아서 말 그대로 그냥 신경이 예민한 성격을 가진 사람으로 치부해버리기 십상입니다.

이러한 신경증적인 두려움과 오랜 세월을 함께 살아온 사람은 그 감정을 다스리기 위해서 감정의 소진이 크기 때문에 에너지의 소진을 막기 위해서라도 스스로 방어막을 만들고 적당히 외부의 탓으로 돌리며 살아가게 됩니다.

　너무 오랫동안 습관으로 굳어진 자기 보호적 태도로 인해 자신도 착각 속에서 살아가는데 그 착각의 핵심은 자신이 현재 겪고 있는 모든 어려움이 외부의 문제 때문이라고 생각하게 되는 것이지요. 이러한 경우 그 사고체계가 너무도 완고하게 짜여 있어서 전문적인 정신분석의 절차 없이는 현재 자신의 상태를 정확히 파악하고 세상과의 관계 속에 상호작용의 오류를 깨닫기가 매우 어렵게 됩니다.

　신경증적인 두려움은 인생살이에서 반복적인 문제를 일으키는 통합되지 않고 해결되지 않은 흥분에너지이며 불안감 때문에 해결을 미뤄둔 감정 덩어리들이므로 마치 지속적으로 삶을 찌르는 주머니 속 바늘 같은 존재라고 할 수 있습니다.

　언제 이 바늘에 찔려 마음에 상처를 입고 '따끔'해질지 모르기 때문에 늘 예민한 탐색 속에 살게 되고 그러다 보면 정작 자신의 성장을 위해 써야 할 에너지는 없어져 무얼 하려 해도 기력이 부족해서 자신이 추구하는 인생에 집중할 수 없는 산만한 상태에 빠지게 되는 것입니다.

저항할 때 느껴지는 쾌감

　신경증적인 두려움이 주는 부정적인 흥분 상태 속에는 두려움과 불안만 있는 것이 아니라 쾌감을 제공하는 욕망도 함께 존재하는데 이것이 바로 두려움에 저항하려는 반항(反抗)과 투쟁(鬪爭)의 욕망입니다. 하지만 여기에서 이 투쟁은 승리를 가져다줄 수는 없는데 그 이유는 두려움이 실존하지 않는 망상에서 비롯된 것이므로 이 승리(勝利) 또한 실재(實在)할 수 없고 그 승리를 통하며 심리적 안정감을 획득할 수도 없다는 말과 같습니다.

좀 더 쉬운 예를 들어 보면 미겔 데 세르반테스(Miguel de Cervantes Saavedra)의 작품 속 주인공인 돈키호테(Don Quixote)는 환상과 현실이 뒤죽박죽되어 기상천외한 사건을 여러 가지로 저지르고 다니는 과대망상가를 풍자한 이야기입니다.

애마였던 로시난테를 타고 길을 가던 돈키호테는 풍차를 거인이라 생각하여, 그의 부하 산초가 말리는데도 듣지 않고 다시 거인을 습격해 들어갑니다. 그가 거인을 이기든 이기지 못하든 그것은 둘 다 승리일 수가 없습니다. 왜냐하면 그 대상은 거인이 아닌 풍차였기 때문이죠. 풍차를 거인으로 착각한 그는 이미 그가 투철한 영웅 정신으로 싸웠다 하더라도 잘못된 전제 위에서 출발하였으므로 그는 영웅이 아니라 몽상가일 뿐이며 그가 영웅이라고 인정하는 것은 그 자신뿐일 것입니다.

신경증적인 두려움을 가진 사람은 다시 강박적으로 그 두려움을 낳았던 관계 속으로 들어가게 되거나 일반적으로 만난 관계도 결국 자신이 풀지 못하며 살아왔던 그 관계로 만들어 버리게 됩니다. 그렇게 되는 이유는 두려움은 분명 자신을 괴롭히는 부정적 감정이지만 거기에 맞서고 이겨내는 과정에서 쾌감 또한 존재했기 때문입니다.

그는 두려움을 주는 관계와 그 관계에 저항함으로써 느끼는 쾌감이라는 감정에 중독되었다고 볼 수 있을 것입니다. 만약 두려움의 대상이 자신만의 착각에서 만들어진 망상에서 출발했다면 그 쾌감 또한 망상일 것인데 그 모습을 비유하자면 풍차를 향해 돌진하여 칼을 휘두르는 돈키호테와 비슷한 것입니다.

일단 멈추게 되면

치유되지 않은 망상은 과거의 고통스러운 감정을 되풀이하는 관계로 스스로 이끌어가는데 이것은 무의식적으로 이루어지게 됩니다. 돈키호테가 투쟁을 포기하지 않고 계속 풍차에 집착했던 것처럼 말입니다. 그는 마지막까지도 어떤 마법사가 거인을 풍차로 만들었다고 우기며 거인과의 투쟁을 포기하지 않습니다. 마치 투쟁에 중독된 사람처럼 말이죠.
불안과 두려움을 이기는 방법으로 돈키호테처럼 그 흥분된 감정에 저항하고 맞서 싸우는 것을 절대 권장하지 않습니다. 오히려 있는 그대로 그 불안을 알아차리고 불안을 일으킨 원인을 파악하는 것이 안정을 찾는 데 도움이 될 것입니다. 불안한 감정이 올라오면 우리 대부분은 쩔쩔매며 어쩔 줄 몰라 당황하게 되는데 사실 불안이라는 감정이 일어날 때 '멈추는 것'은 가장 필요하기도 하고 어려운 행위이기도 합니다.

빠르게 굴러가고 있는 어떤 물체를 반대 방향으로 돌리려면 일단 멈추는 작업이 우선되어야 한다는 것은 당연한 원리일 것입니다. 생각을 멈추고 행동을 멈추고 오직 자신의 호흡과 오감의 흐름에만 집중하는 명상적 자세를 통해 망상의 굴레에서 벗어날 수 있습니다. 이것은 매우 적극적인 형태의 지금-여기에 깨어 있는 훈련이 됩니다.

잠시 멈추어 바라보았을 때 보편적이지도 않고 비정상적인 불안감이 발견된다면 과거의 어떤 경험으로부터 영향을 받게 된 것인지 탐색해 보는 과정을 통해 그 신경증적 불안에서 벗어날 수 있게 됩니다. 이러한 방식을 통해 불안한 마음과 싸워 억지로 밀어내려고 하기보다 자신의 비정상적인 불안을 이해하고 수용하게 될 수 있을 것입니다.

신경증적 불안과 두려움을 느낄 때 허둥대지 않고 명상적인 자세를 취한다는 것은 자신의 에너지를 더 이상 무의미한 곳에 낭비하지 않겠다는 결심이며 인생을 유용하게 살겠다는 의지의 실천인 것입니다.

더 나아가 자신만의 두려움을 주변인에게 털어놓게 된다면 그는 한층 더 치유력을 발휘하게 됩니다. 불안이나 두려움과 함께 살아가겠다는 마음가짐이 오히려 불안을 더 잘 다스릴 수 있다는 것, 다른 말로 바꿔 보면 불안하고 두려워도 괜찮다는 것입니다.

무작정 강해지고 이기려 하기보다는 두려움에 떨며 노심초사하고 있는 자신의 약한 면모를 인정하고 위로하며 토닥여 주는 것이 오히려 불안을 덤덤하게 받아들일 수 있도록 마음의 성장을 촉진할 테니까요.

프로이트, 융과 함께 심리학의 3대 거장으로 불리는 알프레드 아들러는 이미 우리나라에서도 많은 책을 통해 널리 알려져 있습니다. 그는 프로이트가 주장한 정신 원인론을 정면으로 반박하고 정신 목적론을 주장했는데 그 핵심을 이렇게 말하고 있습니다.

"모든 사람의 고민은 알고 보면 사실상 관계의 문제이다. 타인의 기대를 충족시키고자 하는 삶은 당신을 더욱 힘든 인생으로 몰아가게 만들고 속박으로 살게 한다. 존엄한 한 존재로서 자신이 부여한 인생의 의미를 새롭게 설정하고 스스로 변화시킬 용기를 가질 때 비로소 행복하게 살아갈 수 있다."

자신의 인생에 깊이 뿌리 내린 원인조차 알 수 없었던 그 두려움을 수용하고 인정하고 통합하게 되면 서서히 내면에서 밝은 기운이 생겨나고 눈빛이 또렷해지고 판단력도 한층 더 좋아짐을 느낄 수 있을 것입니다. 프롤로그에서 언급한 그런 달빛 가득한 그런 온화함과 총명함이 다시 살아날 것입니다.

'걱정은 걱정을 하는 사람에게만 찾아온다'라는 말이 있습니다. 조금만 더 큰 관점으로 삶을 돌아보면 자신을 불안하게 하고 있는 마음의 근본 원인이 인간의 의지하고픈 욕구와 타인에게 기대고자 하는 마음이 밑바탕이 되어 있다는 것을 알아차릴 수 있을 것입니다.
흐르는 강물에 꽃잎을 띄워 보내듯 걱정을 한 잎 한 잎 흘려보내 버리게 되면 저 넓은 창공과 같은 푸른색의 본성이 드러나게 되는 것입니다.

이제는 더 이상 아이가 아닌 어른으로 살아가기를 선택했다면 가슴을 움켜쥔 손을 들어 자유롭게 하늘과 세상을 향해 힘껏 펼쳐보세요. 그것이야말로 진정한 자유(自由)이니까요.

자신을 수치스럽게 여긴다는 것

"사랑은 지배하는 것이 아니라 자유를 주는 것이다."

− 에리히 프롬(Erich Pinchas Fromm) −

인간은 있는 그대로의 자신을 싫어하게 되면 자신의 모습을 감추려 들거나 자신을 바꾸는 일들에 시간과 열정을 쏟아붓게 됩니다. 이상적인 나를 꿈꾸는 과정 속에 나의 존재를 바꾸기 위하여 진짜 자신은 숨기고자 하는 은밀한 비밀들은 참자기를 잃고 거짓 자기로 살아가게 되는 목표를 정하는 출발점에 서게 만듭니다.

 거짓자아가 만들어질 때의 인간의 핵심정서를 살펴본다면 자신이라는 존재에 대한 수치심(羞恥心)이라는 것을 알 수 있습니다. 자신을 수치스럽게 여기고 부정하고 싶어지면 외형적인 모습을 바꾸고 성격을 위장하며 자신의 가치를 상승시켜 줄 대체물들이 많이 필요해지기 마련일 것입니다.

 그 대체물들로 자신을 채우느라 의욕적이고 열정적으로 변화를 꿈꾸게 되지만 이러한 수치심을 바탕으로 한 열정은 현실이 아닌 환상이 그 바탕을 이루고 있어 그가 걸어가는 삶의 발자국들은 늘 허공에 뜬 느낌이 들 뿐입니다.

 무언가 목표를 추구하며 의욕적으로 살아간다고 하더라도 현실을 거부하고픈 마음과 자기를 부정하고픈 적대감이 그 뿌리가 되어 만들어졌기 때문에 참자기의 모습에서 지속적으로 분열(分裂)과 분리(分離)를 만들어 자신이 하는 말과 행동, 심지어 그 감정까지도 불편하게 느껴지는 이질감은 나날이 자신에게서 멀어지게 만듭니다.

죄책감과 수치심은 다르다

 죄책감(罪責感)과 수치심(羞恥心)은 세상의 규율과 규범을 따르는 것과 관련된 자기를 인식하는 정서라는 점에서는 비슷하게 느낄 수도 있습니다. 하지만 수치심(羞恥心)은 자신의 존재에 결함을 느끼는 정서인 반면, 죄책감(罪責感)은 타인에게 주는 특정 행동에 대해 느끼는 감정이라고 할 수 있습니다.

 죄책감은 보다 사회 적응적 측면으로 볼 수 있으나 수치심은 스스로 위축되려는 충동이며 핵심적인 자기(自己)를 근본적으로 부정하는 데까지 이를 수 있다는 면에서 자신을 괴롭히는 감정이 되는 것입니다.

 죄책감이란 감정을 개인의 삶 속에서 승화된 에너지로 발휘하게 된다면 자신의 실수를 인정하고 인간으로서의 한계를 받아들일 수 있게 만듭니다.

 그렇게 승화된 에너지를 활용하여 극복할 수 있는 인생 과제에 대해서는 도전하여 이겨낼 수 있게 도와주고 넘어설 수 없는 과제에 대해서는 한계를 받아들이고 수용할 수 있도록 힘을 줍니다. 그러므로 정상적인 수위의 죄책감은 올곧게 살아가면서도 겸손한 마음으로 살게 도와 한 인간의 삶의 에너지를 효율적이고 건강하게 쓸 수 있게 되는 것입니다.

 미국의 임상심리학자인 Abraham M. Nussbaum은 "수치심의 감정은 트라우마의 결과물로 나타나는 공통적인 현상으로 애정의 결핍과 취약성이 수치심이라는 감정의 핵심이 된다"고 하였습니다.

Nussbaum의 연구에서는 애착관계의 중요성을 여실하게 보여 주는데 "주 양육자와 긍정적인 애착을 형성하지 못하는 사람은 일생을 수치심이라는 자신이 만든 괴물과 싸우게 된다"고 하였습니다.

그가 자신의 의지로 통제할 수 없었던 외상적(traumatic) 사건은 무력감을 유발하고 자신이 인생을 통제할 수 없다는 바로 그 무력감이 수치심의 핵심이라고 할 수 있을 것입니다. 즉, 무방비 상태로 겪게 되는 트라우마는 한 인간의 가슴에 한 줌의 흙을 뿌려 더럽혀 버리는 것처럼 소중감, 유능감, 숙달감을 손상시키게 되어 자신에 대해서 전반적으로 불쾌한 감정을 갖게 되는 것입니다.

학대는 존재를 수치스럽게 만든다

유아기 때 받은 트라우마의 대표적인 수치심이 바로 '학대'입니다. 아이건 어른이건 학대를 받은 피해자는 무력감, 무가치감, 자기 혐오와 자기 증오로 스스로 비참한 존재로 느끼게 됩니다. 이때의 학대는 신체적 학대뿐 아니라 정신적 학대, 그리고 무관심이나 돌봄의 부족으로 인한 방임도 또한 학대에 포함된다고 보아야 합니다.

그렇기 때문에 그 행위가 극단에 이르지 않았다 하더라도 아이의 무의식 속에는 불쾌함으로 느껴져 학대받은 것과 같은 수치스러운 경험으로 자리를 잡게 되는 것입니다.

일반적으로 수치심의 괴로움에서 벗어나기 위해 선택하는 흔한 방식들이 있는데 그중 하나는 인간관계에서 주눅이 들어 자신을 사람들로부터 고립시키고 술이나 흡연으로 긴장을 완화하여 괴로운 감정으로부터 회피하고자 하는 것입니다. 또는 수치스러움의 고통을 달래기 위해 거만과 자기 도취로 긍정적 자아상을 꾸며내려 하기도 합니다.

 제일 흔한 방식으로 이 방식은 사랑하는 이에게조차 무분별적으로 이뤄지는데 그것은 바로 투사(投射)입니다. 수치심을 느끼게 한 타인을 공격함으로써 수치심을 즉각 떠넘기려 하는 이것은 자칫 서로를 관계의 악순환의 고리인 보복의 사이클에 말려들게 할 수도 있습니다.

 수치심이 강한 부모는 자녀를 무의식적으로 자신의 수치심을 메꾸어 주는 용도(?)로 이용하기도 합니다. 이것은 말 그대로 무의식적으로 이루어지므로 부모도 쉽게 자각(自覺)하지 못합니다.

서로를 수치스럽게 만드는 잔소리

 예를 들어 부모가 자신의 수치심에서 벗어나기 위해 과도한 칭찬이 자주 필요하다고 한다면 자녀를 위해서 무언가를 베푸는 것이 아니라 자신이 아이의 영웅이 되기 위해, 아이로부터 위대한 부모라는 느낌을 주기 위해 베푸는 행위를 하게 되는 것입니다.

 물론 자녀에게 늘 베푸는 부모의 모습은 당연히 감사할 일이며 바람직하다고 할 수 있습니다. 하지만 이런 행위와 의도는 다분히 타인 중심이 아니라 자기 중심적인 의도로 이루어졌기 때문에 부모가 자신이 바라던 어떤 보상과 인정이 돌아오지 않을 때 화가 나게 됩니다.

'너는 내가 이렇게까지 베풀었는데 왜 그 모양이냐?', '넌 고마워하지도 않는구나', '너는 좋겠다. 나는 못 받아보고 살아왔는데, 나는 너에게 너무나 많은 것을 해 주는 좋은 부모다'와 같은 주장이 부모의 내면에서 북을 치며 춤을 추고 있는 것입니다. 한마디로 아이를 위해서 이루어지는 진정한 사랑은 여기에 없습니다.

그 베풂이 사랑이었다면 주고받을 때 사랑의 느낌만이 존재하지, 그 이상의 자기 중심적인 충동적 감정은 존재하지 않습니다. 사랑은 그 자체만으로도 이미 충만하기 때문이죠. 유독 자녀의 예로 들지 않고 그 대상을 배우자로 대입해 본다 해도 마찬가지입니다. 한 여성이 그녀의 내면화된 수치심 때문에 자신이 좋은 아내라는 것을 끊임없이 증명받으려 한다면 위의 상황과 별반 다를 것 없이 남편을 향한 자기 주장적 외침들이 내면에 충동적으로 생겨나게 됩니다.

죄책감은 판단이나 문제에 맞서 해결하도록 유도하는 반면 수치심은 자기 파괴적이어서 서로의 존재를 무시하는 고통을 느끼게 되는 것입니다. 또한 죄책감은 화해와 보상을 통하여 더 나은 방법을 찾도록 유도하지만 수치심은 벌을 받아야 끝나게 되는 가혹한 초자아의 작품이 되어 버립니다.

수치심을 느끼는 순간을 고스란히 행동으로 표출시킨다면 우리는 손톱의 날을 세워 자신의 얼굴을 할퀴어 버리고 싶다는 충동을 느낄 수도 있을 정도입니다. 한마디로 죄책감은 성인의 반응이고 수치심은 두려움에 정신을 잃은 유아적인 반응양식이라고 할 수 있습니다.

수치심의 이면에 숨겨진 진실

자신의 존재를 수치스러워하고 자신이 숨겨둔 진짜 자기의 민낯이 알려질까 두려움을 가진 사람이라면 위협이나 비난을 쏟아붓지 않겠다는 확약(確約)이 되지 않은 어떤 환경에서 자신을 드러내는 것이 무척 어려울 것입니다. 결국 나를 받아줄 것 같지 않은 환경을 만나면 수동적이거나 무기력한 태도를 취합니다. 또한 이들은 수치심의 고통이 너무 크므로 행동을 한 이후에 따르는 감정의 책임을 지려 하기보다 아무런 행동을 하지 않음으로 그 책임에서 벗어나려고 하는 쪽을 더욱 선호하게 됩니다. 이런 방식은 삶에 안주하는 태도로, 늘 의존하고 싶어 하는 어린아이 같은 태도로 살게 하는 원인이 되기도 합니다.

수치심이 많은 사람들은 분노를 표현하는 것을 특히 어려워하는데 정당한 분노조차 위험하고 잘못된 것이라는 인식 때문에 표출하지 못하게 되고 이러한 분노는 내면화되어 자신에게 화살을 돌리게 되므로 우울의 늪에서 사는 부엉이처럼 구슬픈 인생을 살아가게 됩니다.
이러한 분노를 자신의 탓으로 돌려버리는 것이 습관이 되면 타인의 잘못과 자신의 잘못을 구분하는 능력이 약해져 올바른 판단을 하기가 어렵게 됩니다. 즉석 요리 같은 간편한 갈등 해결 방식은 자신을 드러내지 않으려는 용기 없는 타협 속에서 수치심은 더욱 정당화되어 수동적이고 무력한 삶으로 귀결하게 되어 버리니, 착하게 살고 말썽 없이 살아가려 하는 것만이 좋은 것은 아닌가 봅니다.

부모의 사랑은 정신적 기초체력을 키운다

 만약 아이가 당연히 칭찬은 받아야 할 때뿐 아니라 무언가 실수를 하고 잘못을 저질렀을 경우에도 여전히 부모로부터 사랑을 받고 있다는 느낌을 가질 수 있다면 그 아이는 수치심을 승화된 에너지로 쓸 수 있는 능력을 갖게 됩니다.
 아이들은 보통 자신의 이미지를 형성하는 과정에서 부모가 자신을 비추어 주는 거울로 반사시켜 느끼게 되는데 아이가 실수를 하거나 잘못을 저질렀을 때 부모가 아이를 경멸의 눈초리로 바라본다든지 아이의 존재를 무시하거나 수치스러워한다면 아이는 자신을 수치스럽게 여기며 실수나 비난을 비정상적인 수준으로 두려워하게 됩니다.

 과도한 수치심으로 자신에게 비난하고 격노하게 되면 그의 내면에는 이미 비난받을 만큼 받았다는 스스로 부여한 면죄부와 그 대가를 충분히 치렀다는 변명이 쌓이면서 오히려 실제 행동의 변화를 일으키는 노력은 하지 않게 됩니다. 자신을 향한 과도한 질책의 경험들은 삶에 필요한 습관을 긍정적으로 교정하는 데에도 역시 도움이 되지 않는다는 것을 알 수 있습니다.

이로써 대를 이어 내려가는 수치심을 발견할 수 있는데 사실은 그 부모도 그들의 부모님으로부터 받은 수치심을 자녀를 통해 투영하여 거울처럼 보았으리라는 것을 예측해 볼 수 있으므로, 이런 수치심의 대물림은 더욱 안타까울 따름입니다.

현명한 부모는 절묘한 한 수를 둘 줄 안다

아이가 작든 크든 어떠한 잘못이나 실수를 하게 된다면 그것은 사실 세상을 살아가는 지혜를 가르쳐 줄 수 있는 절묘한 기회인 셈입니다.

실제로 지혜로운 부모는 아이의 실수를 잘 활용합니다. 아이가 실수나 잘못된 행동을 했을 때 큰 사건이라도 일어난 것처럼 호들갑 떨지 않고 우선 침착하고 너그럽게 받아줍니다. 그리고 그 실수를 통해 어떤 것을 주의해야 하며 어느 정도까지 노력할 수 있고 또 어느 정도의 선에서 타인과 자신 간의 책임의 경계를 긋는 것이 좋을지, 자신을 보호하는 방법과 세상의 규칙들을 차근히 설명해 줄 것입니다.

이러한 과정을 통해 아이는 세상에 대해 현실감 있는 가르침을 받게 되고 그 과정에서 부모의 사랑도 느끼게 되는 것이지요. 진실로 신뢰와 사랑이라는 것은 상대방의 성숙한 말과 행위를 통해 느껴지고 그러한 신뢰 속에서 감정적인 연대가 형성되는 것 아닐까요?

사랑이라는 것이 좋은 옷과 맛있는 음식, 비싼 제물을 바치거나 달콤한 애기로 상대의 기분을 좋게 하는 것이 아니라고 말하고 싶습니다. 사랑은 에리히 프롬(Erich Pinchas Fromm)이라는 심리학자의 말처럼 "그 상대방을 향한 성장에 대한 진지한 관심과 존재에 대한 존중, 그리고 실천"으로 표현될 것입니다.

사랑은 들뜬 감정이 아니다

많은 매스컴과 온, 오프라인 매체를 통해 남발되는 '사랑'이라는 단어의 쓰임을 볼 때 그 사랑의 의미가 퇴색되고 있지 않은지 의문이 들 때가 많습니다.

심리학의 토대 위에 정의를 내려본다면 사랑은 감정 조절 능력과 성숙한 존중, 신뢰, 감정적 연대감을 바탕으로 한 이성적인 행동이라고 정의해 보고자 합니다. 이러한 능력을 갖춘 진정한 사랑은 상대를 성장시키고 생명을 불어넣어 줄 테니까요.

부모의 수용적인 태도를 통해 현실의 여러 가지 경계와 살아가는 지혜를 배울 수 있는 환경에서 자란 아이들은 자신의 장단점을 이해하고 부모에게서 물려받은 감정적 연대감을 내면화하여 자신을 감추거나 잃지 않고 복잡한 세상살이 가운데에서도 성장을 이어 나가게 됩니다. 또한 성장 과정 동안 배운 신뢰는 자신에게 부여된 책임에 따르는 어려움과 고통을 기꺼이 감수하려는 의지가 되어 살아가는 동안 부딪히는 어려움 앞에서 쉽게 절망하거나 꺾이지 않는 단단한 내면을 갖게 되기 때문에 세상살이에서 가장 가치 있는 선물을 받게 되는 셈입니다.

그렇다고 해서 적절한 죄책감을 마음에서 몰아내려 하는 것은 위험한 일이 되고 좋은 사회인이 되기에도 그것은 불필요한 행동입니다. 우리는 한 인간으로의 실수를 통해 나약함과 어리석음을 인정할 필요가 있고 그런 과정은 겸손한 맘으로 살아가도록 도와줍니다.

인간은 신(神)과 같이 위대해질 수도 없으며 또한 그렇게 될 필요도 없습니다. 누구나 실패와 실수를 통해 더 많은 것을 배우게 되고 인생살이에 더욱 노련해지게 되며 감정적으로 성숙해질 기회를 갖게 되는 것입니다. 그리고 성숙해질 기회를 가졌다는 것, 그것으로 충분하기도 합니다.

멈추어 바라보면 넘어설 수 있다

인류가 이토록 눈부신 발전을 해 올 수 있었던 이유는 수많은 실패 속에서 지혜를 얻어왔고 그것이 계승되어 왔기 때문일 것입니다. 실수와 실패를 할 수 있는 것이 바로 인간이고 그것이 나를 성장시키리라는 것을 믿는다면 우리는 그것을 인정하고 받아들일 수 있습니다. 그리고 그에 따르는 결과에 대한 책임을 질 용기도 더불어 생겨나게 되는 것입니다.

자신의 존재를 수치스럽게 여기거나 부족한 사람이라고 여기게 되면 자신이라는 존재 그 자체에 대해서조차 무가치함을 느끼게 되는 것입니다. 그렇게 되면 그 실수를 인정하고 받아들이기보다는 책임을 다른 것, 다른 사람으로 돌리기 급급하고 회피하는 데 총력을 기울이게 됩니다.

이렇게 저렇게 반복되는 수치스러운 기억들은 인간관계 속에서 겪은 나쁜 기분들과 나쁜 기억들이 이미 조건화되어 있을 것입니다.

사람으로부터 상처받아 닫혀 버린 마음은 사람들을 멀리하게 되는 방식을 선택하게 되고 혼자라는 외로움과 사랑을 받고 싶은 공허함을 반복해서 경험하는 악순환으로 허공에 떠다니는 영혼처럼 정신없이 살아가게 되는 것입니다.

이것이 바로 영혼이 병들어가는 과정이 아닐까요? 혹시 이미 수치심이란 감정이 '나'라는 사람의 전반적인 인생을 지배하고 있다 할지라도 그 부정적인 영향으로부터 벗어나게 도와줄 수 있는 훈습(熏習)의 방법이 있습니다.

그것은 바로 타인의 실수든 자신의 실수든 간에 즉각적으로 퍼붓는 비난을 일단 멈추는 것입니다. 그리고 무작정 감정에 휩쓸려가기를 거부한 채 상황의 전후를 살피고 연관성을 파악하는 것이 수치심의 늪에 빠지는 것을 막는 좋은 방법이 됩니다.

일단 모든 것을 멈추어 관조적인 입장으로 바라보게 되면 희미하게나마 수치심을 일으킨 실체를 현실에 기반하여 이해해 보려 노력하게 되고 이해와 수용이 되는 부분과 여전히 받아들일 수 없는 부분들로 나누어질 것입니다.

이것이 바로 순간에 깨어 있음으로 평온을 유지하는 수행 명상이 일상화되는 과정이라 할 수 있겠습니다. 또한 이러한 과정을 통해 실수와 잘못은 깊이 반성하고 존재에 대한 무조건적인 공격은 멈추게 되므로 수치심이라는 감정의 늪에서 헤어나올 수 있게 되는 것이지요.

자신을 용서하자

앞서 말했듯 과거에 겪은 트라우마의 결과물이 수치심이라면 치유의 결과는 바로 용서(容恕)입니다. 용서를 언급하면 많은 이들이 과거에 자신에게 피해를 입힌 타인을 용서하는 행위를 떠올리겠지만 가장 중요한 용서는 먼저 자신을 용서하고 진심으로 수용하는 과정이라 할 수 있습니다. 자신을 용서하지 못하는데 타인을 용서한다는 것은 그 방향도 그 복석도 진실일 리 없기 때문이지요.

우리는 어머니의 몸을 통해 세상에 왔지만 사실 하늘이 주신 생명이며 이 세상에 하나밖에 없는 소중한 존재이기도 합니다. 어떤 과학자도 우주의 나이를 정확히 알고 있지는 못하지만 이 우주가 생성된 이후 '나'라는 존재는 이제껏 단 한 사람뿐이며 앞으로 이 우주가 멸망하는 그날까지도 '나'는 마지막 존재이기도 합니다. 그러니 나의 인생도 생명도 우주의 별과 같이 단 한 번만 존재하는 것이지요. 또한 태어나고 자연으로 돌아가 소멸하는 인간의 운명은 어느 누구 할 것 없이 똑같은 삶의 과정이며 이 세상의 섭리입니다.

실수와 실패의 경험을 자신의 존재의 이유로까지 확대 해석해서 스스로 시궁창 같은 감정으로 살아가려 할 것이 아니라 성장과 발전을 위한 밑거름으로 삼는 것이 더욱 현명하고 당차게 살아가는 밝은 인생이 될 것입니다.

철학자 장 폴 샤르트르의 명언처럼 말입니다.

"인생은 B(Birth)와 D(Death) 사이의 수많은 C(Choice)이다. 비록 그 결정이 성공을 담보하지는 않더라도 그 경험을 통해 많은 것을 배울 수는 있다."

중독(中毒)

"우리는 길을 가는 동안 천 개의 가면을 쓴
우리 자신을 만난다."

– 칼 구스타브 융(Carl Gustav Jung) –

상담 요청이 있었던 한 가정에 관한 이야기를 잠시 해 보려 합니다. 아이가 게임을 지나치게 해서 게임 중독으로 인해 상담 요청을 하게 된 어느 가정의 이야기인데, 상담의 주인공은 초등학교 6학년 학생으로 밥 먹고 자는 시간 외에는 컴퓨터나 스마트 폰에서 눈을 떼지 못한다는 것이 문제였습니다. 그 친구는 당연히 학교 성적도 부진하고 친구관계도 소원했으며 누구와도 눈을 마주치지 않으려는 모습으로 정신이 빠져나간 상태였습니다.

몇 차례 면담 후에 알게 된 사실은 그 아이의 어머니는 드라마 중독, 아버지는 알코올 중독, 누나는 쇼핑 중독 그리고 내게 상담 의뢰를 하게 된 그 친구는 게임 중독인, 한마디로 중독에 빠진 가정이었습니다.

사실 이 네 식구는 모두 같은 증상입니다. 그 중독을 일으킨 매개물만 다를 뿐 모든 가족 구성원이 자신의 공허감을 해결하는 방식으로 중독적으로 무언가에 빠지는 방법을 선택한 것입니다.

무언가에 중독된다는 것은 우선 세상살이에 흥미를 잃어가고 있다는 뜻이기도 하고 그것으로부터 빠져나올 의지도 없다는 무언(無言)이 행동입니다. 또한 어릴 적 애착이 정상적으로 이루어지지 않는 경우 중독에 취약해지기도 하는데 이렇게 애착의 형성을 방해하는 근본 원인은 불쾌감과 공허함이라 할 수 있습니다. 중독으로 나타난 증상은 그 불쾌감과 공허함에서 벗어나가고자 하는 행위적 습관에서 비롯되었다고 볼 수 있는 것입니다.

중독에 잘 빠지는 성격

중독(中毒)이란 단어는 라틴어로 '자신을 포기하다'라는 뜻을 가졌습니다. 중독에 빠진다는 것은 자신이 자발적으로 무언가를 해결하기를 포기했다는 뜻이고 누군가가 구제해 줄 때까지 스스로 기어서 나올 능력이 없으므로 항복(降伏)을 선언한 것이나 마찬가지입니다.

실존주의 심리 치료로 유명한 오스트리아의 정신과 의사 빅터 프랭클(Viktor Frank)은 중독 현상에 대해 이렇게 말했습니다.

"실존적 욕구불만에 직면하면 자신의 기분을 도취시켜 줄 것을 찾는다. 일, 음주, 잡담, 도박, 음식 등으로 내적 공허감에서 도피하고자 한다. 실존적 공허감이 느껴지면 너무도 불안하고 고통스럽기 때문에 즉시 무언가를 향해 달려나가려 하는데 중독은 그것을 간편하게 해결하게 해 줄 방법이 되기 때문이다."

보통의 사람들도 자신의 부정적인 감정에 충실하게 느끼고 머무르는 것을 어렵게 느끼는 것이 사실입니다. 게다가 과거에 겪은 트라우마의 경험은 이것을 더욱 어렵게 만듭니다. 그렇게 트라우마를 겪은 사람들, 어릴 적 보호와 충분한 관심을 받지 못한 이들이 부정적 정서를 재빠르게 감소시키고 긍정적 정서를 높이려는 시도에서 손쉽게 나타나는 행위가 바로 중독입니다.

중독성 물질이나 행위들은 일종의 자기 처방입니다. 단기적으로 그것들은 위안을 주거나 고통을 완화시켜 기분을 좋게 하는 것도 사실이지만 그 방식은 분명 단기적으로만 그렇습니다.

이것이 장기적으로도 그의 인생과 건강에 효과적이라면 어디에서나 누구에게서나 권유를 받을 것입니다. 하지만 장기적으로 이러한 중독적인 행위들로 인생의 괴로운 문제를 해결하려 한다면 이것은 명백히 자신을 파괴하는 행위라는 것을 누구나 알고 있습니다. 게다가 중독 자체가 다시 외상적 사건과 트라우마를 일으키는 환경에 쉽게 노출시키게 되므로 점점 더 스스로 아픔을 만들어 내는 인생으로 접어들게 만들어 버리고 마는 것이지요.

강박적인 성격을 가진 사람들이 특히 중독에 빠지기 쉬운데 사실 강박증은 억압으로 생긴 증상이라 억압을 풀어 주는 알코올이나 각종 중독 행동들은 해방감을 선사하므로 그만한 약이 없을 정도입니다. 다시 말해 술을 마신 그 순간에는 스트레스가 풀리는 것 같고 답답했던 가슴이 시원하게 뚫리는 것처럼 느껴지기 때문이죠. 하지만 스트레스를 받을 때마다 이런 방식으로 풀다 보면 그의 건강과 인생은 서서히 망가지고 마는 것입니다.

감정에 중독되다

우리가 흔히 얘기하는 중독은 음식, 알코올, 게임, 쇼핑, 여행 등이 있지만 우리는 특정 감정이나 생각, 활동에 중독이 되기도 합니다.

강렬한 분노의 감정에 중독된 경우는 격노를 통해 자신의 수치감을 타인에게 퍼부어 지배적인 감정으로 되받아치는 것입니다. 여러분도 느끼신 적이 있을 테지만 분노를 터트리면 순간적으로 억압감이 해소되는 시원한 느낌을 가지게 되는데 뇌에서는 보상작용을 받게 되는 조건화 과정이 되어서 '화를 내는 중독'에 빠지게 되는 것입니다.

죄책감에 중독된 경우에는 삶에서 일어나는 많은 일들을 끊임없이 분석하여 숙제처럼 살아가는 것입니다. 그리고 이러한 생각에 중독이 되면 삶에 집중하고 최선을 다하는 것처럼 느껴지고 자신도 그렇게 믿게 됩니다. 하지만 그런 착각 때문에 삶에서 진짜 중요한 문제들로부터 회피하는 결과를 낳게 되는 것이지요.

'활동'에 중독된 것과 마찬가지로 '생각'에 중독이 되어도 꼬리에 꼬리를 무는 생각을 멈출 수가 없으며 강제로 생각을 멈추게 할 경우 중독물질의 중단에 따르는 금단 증상과 유사한 깊은 우울증이나 공허감에 빠지게 되기도 합니다. 이 모든 중독의 현상은 자기 파괴적이고 자기 손상적인 행동을 반복하는 것이고 대부분의 환자들을 살펴보면 과거에 큰 충격적 경험을 한 사실이 있거나 진정한 보살핌을 받지 못한 경우가 대부분입니다.

심리학자 Mark Williams는 이런 감정적 중독상태를 '고통의 울부짖음'으로 표현하였으며 "무망감과 압도당한 느낌 속 무력감"이라 하였습니다.

　중독을 통해 자신을 처벌하고 싶은 충동적 욕구의 원인은 결국 과거 트라우마의 재경험이며 자신을 향하는 공격성의 형태입니다. 그들은 이렇게 다시 중독이라는 현상을 통해 예전에 받은 학대와 방임의 상태로 되돌아가려는 충동이 있는 것입니다.

치유를 위해서

　우리가 과거에 경험한 고통, 유기, 학대, 배신, 실망, 고립, 거절과 같은 외상적 경험을 쿨하게 다 잊은 듯 넘겨버리지 말기를 바랍니다. 통합이 되지 않은 채로 뒤로 미뤄온 감정들은 인생에서 계속해서 반복되는데 프로이트는 이러한 현상을 '반복강박(repetition compulsion, 反復強迫)'이라는 용어로 설명했습니다.

　어릴 적 해결되지 않는 트라우마가 어른이 되어서도 짜증스러운 드라마처럼 재현되어 비슷하고도 새로운 내용으로 반복해서 재탄생되는 것인데 이러한 증상을 프로이트는 다른 말로 운명 신경증이라고 명명하기도 하였습니다.

　우리 주변의 인물들을 잘 관찰해 보세요. 과거에 쌓인 치유되지 않은 분노는 그를 '싸움닭' 같은 사람으로, 또한 충분히 위로받지 못한 슬픔은 사소한 것에도 절망하는 모습으로, 막연히 쌓여온 두려움은 중독의 증상으로, 또는 특정 문제 앞에서 같은 실수를 반복하는 모습으로 나타나고 있기 때문입니다.

  과거의 트라우마를 치유하는 방법 중 하나는 가슴에 묻어두고 잊으려 애썼던 부정적 경험을 다시 느껴보는 것인데 그 전의 방식과는 달리 이번에는 충분한 애도의 과정을 거치기를 바랍니다.

  누군가의 탓으로 돌려 원망하거나 빠르게 해소하려 조급하게 굴기보다는 우선 그 감정이 일어나는 순간부터 조금씩 감정의 변화가 이루어지는 순간까지 현상을 관찰해 보는 것이 도움이 될 것입니다.

  감정의 원인과 결과를 짚어 보며 있는 그대로 그 아픔을 재경험하는 시간을 갖는 것은 정상적인 애도의 과정이 되고, 충분히 그 감정과 함께 머물면서 애도 과정을 거친 후에야 비로소 그것을 나에게서 홀연히 떠나보낼 수 있게 됩니다.

  이러한 과정은 자신의 불운한 과거를 피해자로서 바라보게 하는 것이 아니라 스스로 돌보는 어른으로 살아가도록 안내하게 될 것입니다.

  그것은 한 개인의 성장 과정에서 아주 큰 의미를 가지게 되는데 자신을 돌보는 가운데 느끼는 애도의 과정을 거치게 되면 타인에게 돌봄을 받고자 하는 욕구도 줄어들게 되고 타인이 원하는 삶이 아니라 자신이 원하는 삶으로 살아가게 되는 주체적 성장의 길목에 서게 된다는 것입니다. 이러한 과정은 한 인간이 전 생애 걸쳐 넘어야 할 아주 큰 언덕인 일반적인 의존심을 해결하는 아주 중요한 열쇠가 될 것입니다.

과거에 겪은 부정적 사건들에 대한 진정한 애도가 끝나게 되면 현재의 지금-여기에서도 함께 치유가 이루어집니다. 그제야 영원히 잊지 못할 것 같았던 상처, 사건, 사람들과 한 맺힌 감정들을 한 올의 바람처럼 속 시원히 하늘로 놓아 보낼 수 있게 되고, '구질구질한 감정들'이 차지하고 있던 그 텅 빈 자리에 진정 나를 위한 소중한 것들이 새로운 푸른 싹을 틔우고 뿌리를 내릴 수 있게 될 것입니다.

성격

"기적이란 저 멀리 있다가 갑자기 나타난 치유의 힘에 달린 게 아니라,
우리 주위에 늘 있던 것을 볼 수 있게 된, 섬세해진
우리의 지각에 달린 것이다."

– 윌라 캐더(Willa Cather) –

지금은 겨울에 들어서는 초입이라 나무에 잎사귀들이 아직은 잘 버티고 있습니다. 혹한의 날씨에 허옇게 드러낸 투박한 나무껍질을 보고 있노라면 "과연 올봄에도 나무젓가락 같은 바로 저기서 연두색 잎들이 자라 나올까?" 하며 믿기지 않는 듯 질문을 던집니다. 하지만 어김없이 경칩이 지나 입춘이 오면 그 나무젓가락은 온데간데없고 금세 물방울 같은 새싹이 돋아 꽃을 피우고 있으니… 정말이지 자연의 생명력과 계절의 변화는 신비롭고 믿음직하기까지 합니다.

날씨가 화창해서 온 동산이 밝게 웃는 날도 있고 구름 끼고 잔뜩 우울하게 찡그린 날도, 참았던 울음이 터지듯 소나기를 후두둑 뿌리기도 할 때면 날씨의 영향을 받아서인지 우리의 감정도 날씨 따라 오르락내리락하곤 하지요.

사람에게도 날씨가 있을까요? 늘 불평이 많고 투덜대기가 습관이 된 사람, 뭔지 모를 슬픔에 빠져 사는 사람, 늘 얼굴이 벌겋게 달아올라 있고 만사에 흥분하는 사람, 또는 긍정적이고 밝은 성격 탓에 주변에 사람들이 몰리는 사람, 이렇게 나열해 보면 주변에 특정한 누군가가 떠올라 웃음이 날 수도 있을 것입니다.

사람으로 비유하자면 개인이 가진 날씨 같은 성격(性格)은 개인을 특정하는 행동 양식이고 그가 삶을 살아가는 데 필요한 적응양식으로 선택한 습관(習慣)이라고 할 수 있을 것입니다.

사람의 계절, 성격

사람마다 다른 성격이라는 개별 특성들은 어떻게 형성이 되는 것일까요? 만약 어떤 아이가 어릴 적 겪었던 가정환경이 화(火)를 내는 것을 허락하지 않았거나 화를 내거나 짜증을 내었을 때 그 행동을 무조건 부모에 대한 반항으로 몰아세워 나쁜 아이로 만들어 버렸다면 그 아이는 그 부모와 함께 살아야 하는 가정환경에 적응하기 위해 화(火)를 처리해 내야 할 때 독특한 자신의 방법을 선택하게 되고 그것은 성인기 이후에도 성격 형성에 영향을 미치게 됩니다.

화가 나는 상황에서 화를 표현하지 못해 무조건 참을 수도 있고, 자신의 화를 느끼지 못할 수도 있으며 반대로 그의 인생 전반에 '화'라는 감정으로 가득 찰 수도 있습니다. 유독 '화'라는 감정뿐 아니라 애정이든 슬픔이든, 그 어떤 감정의 표현이라도 어릴 적 부모로부터 수용 받지 못한 감정은 점차 진실한 자신과 분리(分離)되고 성격의 한 패턴으로 자리 잡게 됩니다.

어떤 감정과 자신이 분리(分離)된다는 것은 그 감정을 느끼는 순간에 비인간적, 즉 마치 사람이 아닌 물건처럼 자신을 취급하게 된다는 것이며, 그렇게 함으로써 그가 얻을 수 있는 것은 그 불편한 감정을 느끼지 않도록 하는 것입니다. 과거에 수용 받지 못했던 특정한 그 감정 앞에서는 자동으로 거부반응을 일으켜 순간적으로 회피하고자 하게 되는 것이지요.

그렇게 순간적인 감정 억압을 통해 회피하는 데는 성공할지 몰라도 자신과 순간 분리되어 이탈하는 경험을 통해 이상한 행동과 말, 엉뚱한 반응, 소통 단절 등 현실에 부적응적인 성격 패턴을 가지게 됩니다.

감정표현 방식이 습관이 되다

앞서 언급했듯 어떤 아이가 성장하는 동안 불평과 불만을 전혀 수용받지 못하게 되었다면 그들은 어른이 되어서도 화가 나거나 불만이 있을 때 효율적으로 표현하기가 몹시 어렵습니다. 그 감정을 처리하는 방법으로 참고 억누르는 방식이 습관이 되었다면 그는 늘 표정이 어둡고 무기력한 인상을 하고 다니며 쌓인 불만은 이해하지 못할 어떤 행동으로 표출되기도 합니다.

수용되지 못한 감정은 그 처리 방법의 문제도 있거니와 더욱 중요한 것은 어른이 된 후에도 그 감정을 잘 수용하지 못하고 어쩔 줄 몰라 한다는 것입니다. 그래서 그 화를 분출할 고난 위의 위장술을 쓰는데 이것은 사람마다 너무나 교묘해서 일일이 열거하기도 어려운 정도입니다.

화(火)가 화(火)로 나타나지 않게 되면 이렇게 위장된 모습은 진실이 아니므로 극과 극을 달리게 됩니다. 어마어마하게 성취하려는 충동적인 모습, 부적절한 열등감에 시달리는 모습, 늘 무엇엔가 중독되어 허공에 떠 있는 모습, 수시로 남의 험담을 즐기거나, 무의식적으로 재산을 파괴하는 행동의 반복 등 그의 내면에 불안정감이 암묵적으로 인생에 개입되고 가시화되어 현실로 나타나게 되기도 합니다.

게다가 자신에게서 수용되지 못한 감정을 타인으로부터 느끼게 되는 경우가 있는데, 예를 들어 자신이 화가 나 있음을 알아차리지 못한 사람이 자신의 감정을 외부로 투사하여 오히려 배우자가 화가 나 있는 것으로 느끼고서는 눈치를 보거나 두려워하는 경우도 있습니다. 자신의 화가 자각되지 않아 타인으로부터 화를 느끼게 되는 것이지요.

이 정도가 되면 자신의 참자기와 너무 떨어져 감정이 제대로 자각되지 않는 경우라 할 수 있습니다. 당연히 이 정도의 증상까지 다다르게 되면 타인을 공감하는 공감력은 많이 상실하게 되고 이런 상태로 자녀와 소통하게 된다면 자녀는 부모와 대화하는 것이 답답하게 느껴져 부모 앞에만 서면 입을 닫아버리게 됩니다.

내가 나의 감정과 동떨어져 버리면

우리가 성장해 온 과정에서 어떻게 진실한 자신의 감정과 분리(分離)되어 버릴 수 있을까요?

그 이유 중 첫 번째는 그의 부모가 이미 감정적 왜곡과 분리 정도가 심하여 아이의 감정을 제대로 읽고 반영할 능력이 되지 않는 경우입니다.

아이들은 보통 자신의 감정을 잘 알지 못합니다. 아이들이 어떤 일이 일어난 순간에 멈칫하며 어리둥절해 있는 경우는 그 감정의 이름표를 붙이려는 순간이라 할 수 있습니다. 그 순간 부모와 감정 교류를 하고 수용하며 소통하는 과정을 거치게 되면 아이들은 자신의 감정을 정의해 나갈 수 있습니다.

아이들은 피드백으로 돌아온 부모의 표정과 반영을 통하여 그제야 자신의 감정을 제대로 느끼게 되는 것이지요. 하지만 그 부모가 자신도 감정을 잘 느끼지 못하는 사람이라면 아이가 자신의 감정을 드러내었을 때 부모는 아이의 감정을 이해하고 수용하려 하기보다 즉각 문제를 해결하려 하거나 곧바로 어떤 행동을 취하려 들게 될 것입니다.

이런 식으로 부모에게서 돌아오는 감정 반응이 핀트가 맞지 않거나, 감정적 피드백 자체가 없을 수도 있습니다. 그렇게 되면 아이들은 감정에 빠질 때마다 자주 혼란을 느끼게 되고 아이 또한 부모처럼 자신의 감정에 대해 무지(無知)하게 되는 것입니다.

다음의 경우로는 어릴 때 받은 충격적 경험이나 아이의 감정적 외면, 욕구의 유기 등의 경험으로 인하여 특정 감정에 대해 자동으로 심적 알레르기 반응을 일으키게 되는 경우입니다. 이런 알레르기가 느껴지면 아이는 즉시 감정의 문을 차단하는 형태로 자신을 보호하려 하는 것은 당연한 일이겠죠?

아이는 성장 과정에서도 예전에 받은 충격과 버려졌던 감정들을 느낄 때마다 놀라고 수치심에 빠지게 되므로 아이들이 사회에 적응을 해나가는 과정에서 더욱 큰 어려움에 봉착하게 될 수도 있습니다. 그 이유는 그 상황에 대한 두려움 때문인데, 자신을 혼란스럽게 하거나 화가 나게 만드는 그런 상황을 회피하기 때문에 그 현실 상황에 대한 문제 해결 능력이 약화되는 악순환을 겪게 됩니다. 더욱 그 특정 감정을 일으키는 어떤 관계를 만나면 공포감이 심해지는 경험을 하게 되는 것입니다.

성격은 그 사람의 팔자가 된다

한 인간이 인생을 살아가게 되면 누구나 크고 작은 운명적인 사건을 만나게 됩니다. 이러한 경험들은 어떤 한 사람의 의지로 변화시키기 어려운, 한마디로 그 개인의 인생에 주어진 운명(運命)이라 할 수 있습니다.

우리가 그런 상처들과 어려운 환경 속에서도 일상에서 경험하는 다양한 감정들을 한 인격체로 수용을 받게 되고 존중받게 된다면 우리는 살아가는 동안 겪게 될 여러 가지 고난 속에서 삶의 지혜를 깨달을 수 있습니다. 그러한 경험 덕분에 사고의 폭도 넓어지고 열린 마음으로 살아가는 것이 연습 되어 인생살이 능력이 한층 더 유리해지므로 실수 속에서도 배우는 인생이 되는 것이지요.

마치 유아기 때부터 영양을 잘 섭취한 아이들이 신체적으로 성장 속도도 빠르고 더욱 면역력이 강한 것처럼 정신에도 감정의 수용과 반영이라는 영양을 듬뿍 받은 아이들은 정신적으로 더욱 성장할 수 있고 면역력도 강해지게 되는 것입니다.

만약 그 반대로 정신적, 육체적 학대와 감정적 버려짐, 인간으로 존중받지 못한 경험이 많은 채 살아가다 보면 스스로 열등하고 불안정한 존재로 느껴지게 되고 자신에 대한 신뢰가 약화되어 일상에서 일어나는 사소한 좌절감을 처리하는 데에도 많은 에너지가 소비됩니다.

선천적 기질이 공격적인 아이들은 불편한 감정들을 이기기 위해서 사회적 보상이나 우쭐함을 느끼게 해 줄 외부의 상징적인 것들의 쟁취를 삶의 목표로 정하게 될 수도 있습니다. 그것을 통해야만 삶의 만족감을 얻게 되는 행위 지향적인 인간이 되는 것입니다.

이렇게 행위 지향적으로 문제를 해결하는 삶의 추구 방식은 곧 성격적인 습관으로 굳어져 부정적인 감정이 느껴질 때마다 쇼핑, 알코올, 게임, 여행, 책, 외모, 명예 등등 무수히 많은 집착의 대상들이 필요해지는 것입니다. 그런 것을 통해 즉각 나쁜 감정을 해소하고 회피해 버리고 싶은 충동으로 우리의 소중한 시간과 재산은 부서지고 인간관계는 시시해져 버리는 것이지요.

이제는 내가 나의 부모가 된다

현재 우리가 살아 있고 그나마 정상적인 생활을 이어가고 있다는 것은 그럼에도 불구하고 부모가 우리에게 기본적인 양육의 환경을 제공하였으며 우리는 정상적인 교육의 기초과정도 받았다는 뜻입니다. 그것이 바로 우리가 받은 은총(恩寵)이며, 우리는 이제 성인으로서 자신을 재양육(reparenting)할 수 있는 힘도 함께 존재합니다.

인간은 내일, 아니 한 치 앞에 무슨 일이 일어날지 모르고 살아가는 약하고 많은 한계를 지닌 존재입니다. 야생에 사는 많은 종류의 동물들과 비교해 보면 인간의 육체적인 능력은 생존에 아주 열악한 조건을 가지고 있습니다. 그럼에도 인간이 세상의 만물의 영장(靈長)이라고 하는 이유는 인간이 지닌 정신의 가치 때문일 것입니다.

모두 지나간 과거의 사건들이긴 하지만 무의식에 남아 있는 상처들은 지금 현재 내가 무엇을 느끼며 무엇을 원하고 어떤 생각을 하고 있는지는 자각(自覺)을 통해 치유될 수 있습니다. 인간의 정신이 발휘할 수 있는 최선의 능력이 바로 지금-여기(now-here)에 깨어 있을 수 있는 능력입니다.

달리 말해서 지금 현재 내게 일어나는 세상의 모든 현상과 나의 감정, 욕구, 행동, 인식에 대해 순간 깨어 있는 훈련을 통해 현재 내가 의식하고 있는 객관적인 사실과 무의식적으로 일어나는 나의 주관적인 감정을 분리해서 감지해 볼 수 있어야 합니다. 그러한 능력은 나를 쥐고 흔들어 수시로 혼란을 일으키는 무의식적인 과거 감정의 세력으로부터 현재의 나와 분리하고 통제할 수 있게 하며, 현재의 나의 삶에 실재하고 적응적으로 살 수 있도록 돕습니다.

과거의 트라우마로부터 형성된 감정과 현재의 객관적 인식의 뚜렷한 분리를 자각하게 되면 그 망상의 세력은 저절로 물러나게 됩니다. 그렇게 되면 개인의 정신세계에서도 푸른 하늘을 가로막고 있었던 먹구름이 걷히듯 그 본연의 실체를 드러내게 되고 맑은 빛이 솟아올라 세상 보는 눈이 환하게 트이게 되고, 그로서 자연스럽게 인생이 풀려나가기 시작할 것입니다.

"인격이란 성장 과정의 과거 경험의 총합이다.
인격이 바뀌면 운명이 바뀐다."

— 에리히 프롬(Erich Pinchas Fromm) —

인격(人格)

맘이 꼬이기 시작한 곳이 언제부터이든 자신의 인생에서 겪은 수많은 상처들이 나의 잘못이 아니라 하더라도 현재 우리가 겪는 정신적 어려움은 결국 인격장애(personality disorder)라는 결론에 이르게 됩니다.

내적인 심리적 갈등과 외부의 스트레스를 해결하는 과정에서 자신의 능력을 넘어서는 무리한 방법을 사용하거나 또는 아무것도 시도하지 않음을 통해 해결하려 시도하는데 이때 인격의 장애 행동이 표출되는 것입니다.

삶을 이끌어 갈 실질적인 에너지가 부족한 상태에서 우리가 얻고자 하는 것에 과도한 욕심을 부리게 되면 우리는 인생 문제 앞에서 무리하게 발버둥 치게 됩니다. 자신의 능력을 기반으로 한 진실한 해결 방식이 아닌 여타 다른 방식을 끌어다 빌려 갈등을 해결하려 하게 된다면 인격과 도덕성의 결함을 지닌 채 무리한 해결을 하려 시도하게 될 테니까요.

책임감의 여부에 따라 인격이 결정된다

제가 상담했던 J양을 예로 들어본다면, 그녀는 활발하고 명랑한 성격 덕에 친구들이 많았습니다. 그런 그녀가 상담을 받게 된 계기는 가끔 엉뚱하게 물건을 훔치는 행위 때문이었는데요. 그 대상이 대부분 그녀의 친한 친구들이었다는 것에 매우 놀랐습니다. 실제로 그녀는 자신의 친구들을 매우 아끼고 소중히 생각하였기 때문에 그녀 자신도 그 행위를 이해할 수 없는 일이었습니다.

심리 상담을 통한 분석의 결과를 요약해보면 그녀는 친구들의 물건을 훔치는 행위를 통해 (이것이 비밀리에 진행만 된다면) 친구도 잃지 않고 자신을 굽히는 어떤 행위를 취하지 않으면서도, 그 친구들에게 우월감이 바탕이 된 질투심을 해소할 수 있었고 가지고 싶은 물건도 공짜로 가질 수 있었던 것입니다.

사실 그녀가 그 물건을 취하는 행동으로 어떤 물질적, 정신적 대가도 치르지 않았으나 그녀는 억압된 질투심을 해소하고 갖고 싶었던 물건도 가지게 되었습니다. 그 행위는 명백히 그녀의 과도한 욕심과 무책임함으로부터 출발하게 된 사건이라고 할 수 있습니다.

또 다른 K씨의 사례를 보면 그는 회사 내의 부당한 대우 때문에 늘 불만이 있었습니다. 하지만 그런 부당함에 맞서기보다 유화적인 행동이나 참는 것이 사회생활을 잘해나가는 데에 최선이라고 판단하고 그렇게 감정을 처리해 왔습니다. 그가 심리 상담을 요청하게 된 이유는 일상에서 늘 무력감과 피로에 시달리고, 가족관계에서 자주 짜증과 화를 내는 문제 때문이었습니다.

그는 매우 착해 보이기도 하고 예의가 바른 덕분에 주변인들에게 좋은 사람이라는 평가를 듣고 살 수는 있겠지만 사실 그는 비겁한 방식으로 살아가는 것입니다.

회사에서 부당한 대우를 받는 사실에 대해 해결하기가 귀찮아서일 수도 있고, 용기가 없어서일 수도 있으나 그 두 가지 이유 모두 자신의 권리를 포기한 것이나 다름없습니다. 그 대가로 자신과 사랑하는 가족에게는 감정적으로 상처를 주는 결과가 생겨나고 있으니까요.

　이러한 생각과 뒤죽박죽 얽힌 감정들은 종종 억압되어 있고 본인이 추구하는 욕구는 분리되지 않은 채 엉뚱한 불만과 불안으로 표출되어 나타납니다. 실제로 K씨는 자신이 너무 착한 사람이기 때문에 어려움을 겪고 있는 것이라 생각하고 있었으니까요.

　심리 치유가 쉬울 것 같으면서도 쉽지 않은 이유는 눈에 보이지 않는 현상을 인간의 정신원리에 근거하여 많은 가설을 따라 찾아가는 과정으로 그 원인을 발견하고 치유해야 하기 때문입니다. 만약에 눈에 보이는 무언가, 즉 사람의 오감(五感)을 활용해서 인식할 수 있는 것이라면 오른편에 놓인 것을 왼편으로 옮기는 것처럼, 꼬인 실타래를 푸는 작업이라 할지라도 그것은 마음을 변화시키는 과정보다는 매우 쉬운 일입니다.

　하지만 심리적 증상의 왜곡은 오직 자신이 느낄 수 있는 감정의 안내로만 그 깊은 심연의 뿌리가 되는 원인까지 다다를 수 있기 때문에 심리 상담의 과정에서도 감정 자각의 중요성과 감정을 표현하는 과정을 매우 중요하게 여기게 됩니다.

　신경증의 어려움은 여기에서도 나타나는데 그 증상이 감정을 잘 느끼지 못해 나타난 증상이라면 또한 신경증은 감정을 자각하는 데 어려움을 주게 되어 자신을 발견하기 어려운 정신적 무능 상태에 빠지게 되는 것입니다.

절망을 이기는 힘이 도덕을 만든다

우리가 한 인간으로서 인격적인 성장을 이루고 싶다면 먼저 자신의 '절망'에 주목할 필요가 있습니다. 당신은 무엇에 절망하나요? 그 절망감은 현실적인가요? 세상의 눈으로 보아도 그 절망이 실제로 절망할 만한 일인가요? 치유의 목표 중 하나는 유아적인 절망 앞에 서서 우선 직면을 하게 되고 그 과정을 통해 좀 더 적게 절망하고, 좀 덜 두려워하며, 그러면 좀 덜 공격적으로 변하여 타인에게 한 발 다가갈 수 있는 계기를 마련하게 되는 것입니다.

한마디로 보통의 사람들이 절망감을 겪게 되어도 그 강도가 약하게 느껴진다면 신경증을 가진 사람의 경우 그 좌절로 인해 자신이 완전히 뭉개지고 파괴되는 것처럼 느끼는 상황까지 치닫는다는 것입니다.

일상에서 흔히 만나는 소소한 갈등상황에서도 신경증을 가진 사람에게는 정반대의 힘으로 이끌려가서 출구가 없는 방황 속에서 괴로워하고 이러지도 저러지도 못하게 만들어 버립니다. 그 과정에서 나약한 자아를 가진 신경증자는 나름의 손쉬운 해결책을 선택하게 되는데 그 결과로 인격장애의 증상을 택하게 될 수도 있는 것입니다. 이와 반대로 절망하는 한이 있어도 자신이 할 수 있는 능력의 영역 밖의 것에 대해서 과욕을 부리지 않는 선택은 숭고한 인격으로 성장하게 되는 발판이 될 수 있습니다.

진정한 사랑의 치유력

우리에게는 기본적으로 공동체감이 내제되어 있습니다. 그것은 반사회적인 행동으로 일정의 처벌을 받고 있는 사람에게도 분명히 존재한다는 것을 알 수 있습니다.

기본적인 공동체감이 누구에게나 내재되어 있다는 것의 의미는 그들 또한 자신이 저지른 행동이 잘못된 행동이라는 것을 알고 있다는 뜻이기도 합니다. 하지만 반사회적인 행위를 하는 사람들은 공동의 이익보다는 자신의 이익과 편의를 선택하기 때문에 반사회(anti-social, 反社會)적이라는 호칭이 붙게 되는 것입니다.

실제로 우리는 우리 자신에게 숨겨야 할 반사회적 요소가 많아지면 정신은 서서히 병들어가기 시작합니다. 자신을 있는 그대로 세상에 드러내었을 때 소중한 사람의 눈을 통하여 자신을 정체성을 확인받을 수 있는 것인데 우리가 자신을 부끄러운 존재로 여기게 되면 우리는 우리를 숨겨줄 가면을 쓰려 하고 타인과 자신을 속이고 싶어지기 때문입니다.

그러므로 우리가 경건한 삶을 추구하는 것이 결국 정신을 건강하게 만드는 것이고 미래를 개혁하는 길이 되는 것이지요. 이렇게 우리의 존재 그 자체로 사랑을 받고 신뢰를 느낄 때 우리는 치유되기 시작합니다. 이러한 신뢰를 가진 사랑과 믿음은 한 인간을 성장시키고 수치스럽게 여기던 부분과 분열된 부분을 통합하도록 돕게 됩니다. 우리가 사랑을 받고 있는데도 치유되지 않고 있다면 그것은 아마도 진실한 사랑이 아닐 것입니다.

미국의 유능한 정신과 의사이자 심리학자인 버지니아 사티어(irginia Satir)는 우리가 무조건적이고 긍정적인 사랑을 받게 되면 나타나는 현상들을 이렇게 정의하였습니다.

"사랑을 받아 치유가 되면 합리적으로 인지할 수 있는 힘이 생기고 진실을 당당히 말하며 자신의 생각과 표현을 할 수 있게 된다. 그러한 사랑을 받은 이는 타인을 사랑 할 수 있는 힘이 생기고 상상력을 발휘하는 아이와 같은 새로운 창조력과 호기심이 생겨난다."

정신분석을 통해 세상과 나를 알다

프로이트는 "개인의 무의식 속에 내재된 갈등과 욕구에 대한 깊은 이해와 그에 따른 의식구조의 변화 없이는 정신적 고통에서의 해방도 없으며 진정한 행복에도 도달할 수 없다"고 하였습니다.

한마디로 정신분석은 과거와 현재와의 관계, 현재와 미래와의 관계, 우리를 둘러싼 인간관계와 사회관계 속에서 은밀한 비밀을 밝혀주는 것이기도 합니다. 세상만사의 얽힌 복잡한 관계를 통합하여 알게 되고 시공간으로 몸담고 있는 우리 자신의 정체를 여실히 알아갈 때 진정한 자유와 행복에 한 발짝 다가서게 될 것입니다.

성격이란 어느 날 하루아침에 이루어진 것이 아닙니다. '나'라는 생물학적 태생의 토대 위에 하루하루 쌓여 생겨난 과거 경험의 총합이라 할 수 있습니다.

신대륙을 발견하기 위해서 낡은 옛 지도를 쓸 수는 없는 법이기에 이제껏 나와 남을 해치고 있던 옛 습관을 과감히 버린다면 당신의 정신적 생일은 바로 자신을 다시 찾게 되는 그날이 될 것입니다. 그런 질곡의 시간들 조차도 성실히 보낸다면 스스로의 경험에서 얻은 지혜는 세상의 어떤 보석과도 견줄 수 없는 인격의 성장이란 가치로 재탄생될 것입니다.

상처(傷處)

"처음에는 한 컵의 슬픔이었으나 결국에는 불멸의 와인이 된다."

― 바가바드 기따(Bhagavadgita) ―

당신에겐 어떤 상처가 있는가요? 그리고 그 상처는 어떤 기억으로 남아 있는가요?

쇳덩어리에 상처를 주기란 쉽지 않습니다. 아마 거기에 상처를 내려면 최소한 그 쇳덩어리보다는 더 센 놈을 데려와야 할 테니까요. 하지만 연약한 꽃잎이나 얇은 유리막은 손끝의 작은 압력에도 쉽게 잘 부스러집니다. 이렇듯 상처란 그 강도의 측면이나, 내용의 측면이나 모두 상대적인 현상이라고 보는 것이 좋을 것 같습니다. 어른이라면 조금도 상처가 되지 않을 일도 아이에겐 크게 상처가 될 수 있는 이유도 바로 그런 이유에서입니다.

살아가면서 상처를 받지 않은 사람은 없습니다. 그나마 적은 상처를 받고 제때 치료한 덕분에 상처받은 기억조차도 희미해졌다면, 그는 아마 그 상처를 통해 세상의 지혜도 배우게 되고 자신을 보호하는 방법을 몸소 체험하여 좀 더 현명해져 있을 것입니다. 하지만 어떤 이는 상처가 아물기도 전에 계속 상처를 입게 되거나 상처를 지속적으로 주는 사람과 상처가 일상이 된 환경 속에서 살아야 하는 상황에 놓이게 된다면 그 상처(傷處)는 이미 그 사람 자체가 되어 버립니다.

상처, 마음의 빗장을 채우다

알렌 박사는 그의 저서 《트라우마의 치유》를 통해 생애 초기 외상의 경험에 대해 이렇게 말했습니다.

"아동 초기 트라우마의 경험은 공황, 공포, 고통에 대해 과각성(過覺醒)을 일으키고 이 상태로 방임되게 되면 이중부담(dual liability)을 가지게 되는데 정상범위 이상의 과각성을 경험하고 버려진 탓에 그에 따른 감정을 진정시키고 조절하는 능력 또한 발달시키지 못하게 되는 것이다."

상처투성이인 그는 혹은 그 아이는 상처가 건드려지는 아픔에서 자신을 보호하는 방법으로 회피하는 삶의 방식을 취하게 될 수도 있습니다. 사실 이렇게 시작된 회피적 성향은 추후에 그 사람의 인격에 나쁜 영향을 미치게 된다고 할지라도 처음에는 자신을 보호하기 위한 목적으로 취하게 된 적응적(適應的) 방식이었기 때문에 우리가 누군가를 함부로 비난하거나 비판할 수 없다는 결론에 이르게 합니다.

회피(回避)는 외상 후 스트레스 장애의 대표적인 반응입니다. 자신을 그 상처로부터 보호하기 위해 회피를 선택하였다 하더라도 종국적으로는 현실의 많은 문제들을 회피의 방식으론 해결할 수 없게 됩니다. 게다가 이런저런 과거의 상처와 씨름을 하며 살아가는 사람들은 좌절감도 깊이 느끼는 탓에 스스로 자책하는 방식을 자주 택하게 됩니다. 이런 자책하는 습관은 상처에 상처를 더하고 우울감의 함정으로 깊이 빠지게 해서 악순환의 사이클로 들어가게 하는 매우 위험한 습관입니다.

이렇듯 외상(外傷)은 과거의 경험이기는 하지만 끊임없이 현재의 삶으로 침습해 들어와 간접적으로 영향을 미치게 됩니다. 이것을 옛말에 비유하자면 '자라 보고 놀란 가슴 솥뚜껑 보고 놀란다'라는 말과 비슷하게 현실의 경험에서 비정상적인 예민함과 두려움을 일으키게 되는 것입니다.

그런 이유로 과거에 상처를 주었던 대상이나 그 비슷한 느낌의 문제 앞에서는 늘 쩔쩔매게 되거나 회피하게 되는 것이고 그런 행동은 다시 트라우마가 생기기 쉬운 상황으로 자신을 몰고 가게 되는 안타까운 장면이 연출됩니다.

트라우마로 인해 생기게 되는 미움, 시기, 복수심, 무기력, 불신, 원망, 원한, 두려움, 냉소 등의 부정적인 감정들은 그 외상의 영향이 꼭 정신과적 장애까지 극단적으로 표현되지는 않더라도 우리의 성격 형성에 상당한 영향을 미치게 됩니다.

게다가 직접 경험한 사건들뿐 아니라 가속이나 친구가 구타당하는 장면의 목격, 누군가 사고를 당하는 장면, 같은 반 친구가 왕따나 괴롭힘을 당하는 것, 형제자매가 폭행을 당하는 모습, 뉴스에서 보도되는 끔찍한 사건들을 보는 것도 나의 마음에 상처를 입히기 때문에 우리가 입은 크고 작은 상처들을 일일이 나열하면 아마 밤을 새워 얘기해도 모자랄 정도일 것입니다.

공교롭게도 우리의 인생에서는 꾸준히 외상(外傷)이 일어나기 때문에 어떤 사람도 삶의 스트레스에서 완전히 자유로울 수는 없습니다.

또한 같은 종류와 같은 강도의 외상에서도 심적으로 더 많이 다치는 사람과 별로 다치지 않는 사람의 차이가 존재하고, 그 외상을 극복을 해내는 정도의 차이도 또한 존재한다는 것을 우리는 인정할 수밖에 없습니다.

이렇게 살아가는 동안 어쩔 수 없이 겪어야 하는 외상들이라면 우리는 덜 상처받고 덜 좌절하며 더 잘 이겨내는 방법을 터득해야 할 것입니다.

애착외상 그리고 학대

만약 우리와 전혀 관계없는 사람들로부터 욕설을 듣는다면 기분은 무척 나쁠 수 있으나 가슴 깊이 파이는 듯한 상처가 되지는 않을 것입니다. 왜냐하면 그 대상과 그 사건을 무시할 수도, 외면해 버릴 수도 있기 때문이지요.

그런 기억들은 시간의 흐름 속에서 서서히 엷어지기도 하고 어떤 것은 기억 속에서조차 사라지기도 합니다. 하지만 무시할 수도 외면할 수도 없는 가까운 사람, 가족, 연인, 친구로부터 욕을 듣는다면 그 혼란스러운 경험은 잊지 못할 충격이 됩니다. 여러분도 경험해 보았듯이 과거 중요한 타인과 겪었던 어떤 감정적 경험들은 그 순간의 표정, 목소리 톤, 느낌의 온도마저도 생생히 떠오르지 않는가요?

그러한 좌절의 경험은 훗날 다른 사람을 만나 사랑과 신뢰를 형성할 때에도 적지 않은 영향을 미치리라는 걸 우리는 쉽게 예상해 볼 수 있습니다. 이렇듯 애착외상은 심적 의존도가 높은 가까운 관계에서 발생합니다.

맘이 아픈 얘기이지만 애착외상의 첫 상처는 가정에서 부모나 형제자매, 주 양육자로부터 받게 됩니다. 사실상 완벽한 부모도 없고 완벽한 양육은 세상에 존재하지도 않습니다.

단지 차이가 있다면 부모가 자신의 말과 행동이 장기적으로 자녀의 인생에 어떠한 영향을 미치는지에 대해 알고 있는 부모와 그것에 대해 관심도 없고 알지도 못하는 부모가 있다는 정도로 해 두는 것이 좋을 것 같습니다.

부모가 자신의 아이를 아끼고 사랑한다는 것은 두말하면 잔소리 아닐까요? 하지만 부모는 자녀에게 해가 되리라는 것을, 아이의 인생에 그렇게 깊은 영향을 미치리란 것을 알지 못했을 테고 이러한 이유로 의도치 않은 학대의 시작은 분명 '무지(無知)'였다는 것이 증명되는 것입니다.

여기에서 자녀에게 수시로 뺨을 때리고, 물건을 던지고, 욕을 하고 발로 차며, 상해를 입히는 몰상식한 부모가 있다면 생각 없이 했던 말과 행동이 자녀의 인생에 얼마나 뿌리 깊게 박혀버리는지 그 악영향에 대해 경고하고 싶습니다.

이것은 너무나 명백한 신체적, 정신적 학대이며 그 영향은 당연히 아이 가슴에 독을 심어 주어 자녀의 존재감을 송두리째 밟아버리기 때문입니다.

이러한 부모들은 '힘'이 최고의 가치라는 것을 아이들에게 몸소 보여 주었으며, 그러한 양육환경에서 자란 아이들은 그 부모가 보여 준 그 '힘'을 가지기 위해 행복을 포기하고 자신의 삶을 송두리째 걸게 될 것입니다.

  물론 학대가 심할수록 심리적 외상도 크고 깊은 것은 당연합니다. 학대를 받은 기간이 길고 그 가해자가 주요 애착의 대상이라면 일방적으로 가해지는 폭력 앞에서 무기력을 느끼게 될 것입니다. 죽음의 공포마저 수반된다면 학대를 당한 그 아이가 느끼는 세상은 벌레와 짐승이 득실거리는 것 같은 무의식적인 불쾌감에 평생을 시달리게 될 것입니다.

바른 사랑

  우리가 아는 우리의 부모는 모두 자녀를 사랑합니다. 하지만 사랑하고 아끼는 감정만으로는 사랑을 전할 수 없다는 것이 애석할 뿐입니다.
  부모님이 나름대로의 사랑 방식으로, 헌신으로, 자녀를 키우지만 그 방식이 자녀의 입장에서 느끼는 사랑이기보다는 부모 자신의 입장에서 하는 사랑이라면 이것은 사실 집착(執着)이며 간섭(干涉)으로 변질될 소지가 다분합니다.
  사랑이란 사랑을 하는 사람의 입장이 아닌 받는 사람의 입장에서 느껴져야 진정한 사랑이라 할 수 있기 때문이죠.

  학대를 받은 경험이 있는 아이들을 상담하다 보면 뺨을 맞는 기억보다 독설이 담긴 언어폭력이나 버려진 기억이 더 견디기 힘들고 오래 남는다고 호소합니다. 성인이 된 지금도 그 눈빛과 말투까지 생생히 남아 여전히 그에게 고통을 주고 있음을 느낄 수 있는데, 오랜 옛 기억을 떠올리며 몸서리치는 그들의 울부짖음이 바로 그 상처를 증명해 주고 있었습니다.

일상에서 심리적인 폭력은 다양한 형태로 이루어지는데 형제자매와의 비교와 편애를 통해 수치심을 주고, 아이가 실수를 했을 때 비난을 퍼부으며 무시합니다. 또한 기본적인 욕구(의, 식, 주)를 박탈하거나 겁을 주어 금지시키는 행위 등, 명백하고도 직접적인 심리적 폭력에서부터 훈육이라는 미명하에 이루어지는 명령과 지시, 사랑의 이름으로 자행되는 집착과 간섭, 부모가 필요한 순간에 포근함과 위로를 제공하지 못하는 방임, 약속을 수시로 어기는 행위인 무책임, 부모가 하라는 대로 했을 때만 받는 과도한 칭찬 등 간접적인 정서적 학대는 일상에서 수시로 일어납니다. 그것이 학대의 수준까지 미치지는 않더라도 아이의 입장에서는 의욕 저하와 무기력을 느끼게 하는 것이 사실이지요.

우리 연구소의 교육과정은 자존감 향상을 위한 그룹 상담과 부모 교육이 주를 이루는데 한결같이 부모님들이 어려워하는 부분이 바로 이 부분입니다. 좋은 부모가 되기 위해 공부를 하다 보면 도대체 어떻게 해야 아이를 잘 성장시킬 수 있는지 미궁으로 빠질 때가 한두 번이 아니며 마음공부를 시작한 이후로는 아이에게 말 한마디, 행동하나 하기가 너무나 조심스럽다는 것입니다.

좋은 부모가 되는 과정을 공부하면서 겪는 어머니들의 이런 어려움과 자식을 잘 성장시키고 싶은 간절함이 담긴 그 질문에 많은 격려를 드리고 싶습니다. 아이를 조심스럽게 대하는 그 마음으로, 또 아이의 감정과 행동을 가만히 들여다보고 연구하는 마음으로 공부하면서 출발한다면 그 어려움에 대한 대답도 머지않은 시기에 부모님들 스스로 찾으실 수 있을 것이라 응원 드리고 싶은 마음입니다.

상처를 가진 채 어른이 되다

아동기에 경험한 애착외상의 영향은 성인기에 지속적이고 반복되는 두려움과 외로움으로 나타납니다. 그 말은 어른으로 성장하는 동안 제대로 된 회복(恢復)의 경험을 갖지 못하였다는 뜻이기도 하고 제대로 된 어른을 만나지 못했다는 뜻이 되기도 할 것입니다.

하물며 그들은 사람에 대한 두려움 때문에 스스로 고립을 선택하고 타인과 세상으로부터 멀어지게 되면 사회적으로도 적응하는 방법을 잘 터득하지 못하게 되어 자신감을 잃게 됩니다. 그러면 다시 고립의 삶을 선택할 수밖에 없는 악순환의 삶을 살아가게 되는 것이지요.

일이나 공부는 그럭저럭해서 사회적으로는 정상적인 생활을 영위하고 있다 할지라도 인간관계에서는 늘 갈등이 생겨 풀리지 않는 인생의 숙제처럼, 어려운 문제가 되어 버리고 마는 것입니다.

만약 지금 당신이 가족과의 관계, 부부관계, 친구관계의 어려움 또는 아무와 관계하고 싶지 않은 이유들 때문에 어려움을 겪고 있다면 잠시 멈추어서 미처 치유되지 않은 상처를 돌아볼 시간을 가져야 합니다.

많은 이들이 자신이 과거에 겪은 상처들을 얘기할 때 '과거에 몇 대 맞은 거로… 과거에 욕 좀 들은 거로… 그 정도 사고 때문에…'라며 과소평가하며 그 의미들을 축소시키거나. 오히려 '그런 걸 여태 기억하다니 속이 좁군', '그 일 별거 아냐' 하며 쿨한 척 넘겨버리기 일쑤이니, 과거의 상처에 대한 이야기를 나누고자 하는 상담자로서는 난감한 일이 아닐 수 없습니다.

이미 어른이 된 지금의 관점이 아니라 그때 당시 어린 꼬마 아이의 눈으로 그 마음을 바라본다면 그런저런 사건들은 아이를 겁에 질리게 하고 보호와 위안이 필요했으며 울음을 터트리고 불안에 떨기에 충분한 그런 충격적인 일들이었을 게 분명할 것이니까요.

당신이 어른이 된 지금 쿨한 척 별일 아니라고 하고 있으나 모르긴 몰라도 당신은 현재에도 과거에 겪은 그런 비슷한 종류의 문제들 앞에서는 여전히 순간 겁을 먹고 허둥대고 있지는 않은지 한번 물어보고 싶어집니다.

외상에서 벗어나는 길

이렇게 받게 된 과거의 상처가 성인기까지 미치는 영향들에 대해 말하다 보면 좀 전에 언급했듯이 자녀를 키우는 부모님들은 난감함에 자주 직면하게 됩니다.

내가 현재 겪고 있는 어려움이 모두 나의 부모의 탓인 것처럼 부모를 원망하게 되거나 우리 아이의 문제가 모두 나 때문인 것처럼 과도한 책임감으로 인해 하소연을 하는 분들이 적지 않기 때문입니다. 하지만 안심하기 바랍니다.

상처를 조금도 주지 않고 자녀를 양육하는 부모는 이 세상에 존재하지도 않을뿐더러 그런 부모가 훌륭한 부모라는 뜻도 아니기 때문이지요.

이것은 누구의 탓으로 끝낸다고 해결되는 문제도 아니고 한 사람이 일방적으로 그 책임을 질 수 있는 문제도 아닙니다. 우리는 다만 그 관계 속에서 일어난 정신적 상호작용의 현상을 알아가는 것, 상처를 받은 그 사실을 인정하는 것, 그리고 상처로부터 살아남기 위해 취한 나의 습관들을 자각하는 과정을 통해 지금-여기에 삶을 방해하는 잡초 같은 악습을 하나하나 제거해 나가는 것이 목적이기 때문입니다.

이 세상은 애석하게노 상처무성이입니다. 그리고 사랑투성이기도 합니다. 사랑과 상처가 공존하는 세상살이에서 우리는 상처를 주고받게 된 이유를 알게 되었듯이 이제는 사랑을 주고받는 방법도 알아야 합니다. 그리고 결국 우리는 사랑을 선택할 수 있어야 합니다.

앞에서 설명해 보았듯이 유, 아동기 시절의 적은 상처의 경험과 많은 사랑과 격려는 아이의 맘속에 내면화됩니다. 그러한 격려와 존중은 정신의 양분이 되어 성인이 된 후에도 그 기지(機智)를 십분 발휘하게 됩니다.

부모가 불어넣어 준 근기(根氣)는 세상으로 나아가 타인과 경쟁하고 부대껴야 하는 상황에서도 회피하고 뒤로 물러서기보다 앞으로 나아가고 도전하는 용기를 북돋아 주어 존재의 튼튼한 뿌리 역할을 하게 되는 것입니다.

외상(trauma), 그 자체가 장애(障礙)를 만들지는 않습니다. 상처를 감싸고 싶은 맘이 앞서게 되면 방문을 걸어 잠그고 그 방의 가장 어두운 곳을 찾아, 가장 두꺼운 이불을 덮고 꼭꼭 숨고 싶은 생각이 들지도 모를 일입니다. 하지만 그런 '시궁창 같은 기분'에서조차 자신을 살리는 길은 사람들에게 너무 멀리 떠나버리지 않는 것이라는 사실을 잊지 마세요.

그런 정신적 질곡의 시간조차도 성실히 받아들인다면 당신이 굳게 닫아버리지 않은 그 마음의 문 틈새로부터 축복의 햇살이 비추게 될 것이며 진흙 속에서도 고고하게 핀 연꽃처럼 향기 가득한 인생을 살아갈 수 있도록 스스로 돕는 길이 될 것이니까요.

치유의 선물, 자존감

"의식의 확장 전에 항상 어둠과 대변동이 일어난다."

– 칼 구스타브 융(Carl Gustav Jung) –

"더 이상 욕망이나 두려움에 휘둘리지 않을 때 … 모든 시간의 형상 중에 영원의 빛을 보았을 때 … 문이 있을 거라 상상조차 하지 못한 곳에서 문이 열리고 세계가 들어와 너를 도울 것이다."

어느 책에서 본 조지프 켐벨이 쓴 이 글귀를 언젠가 노트에 적어두었던 기억이 있습니다. 여기서 묘사한 '문이 열린다'라는 경험은 우리도 간혹 겪었을 법한데, 정말 벼랑 끝에 내몰리듯 막막하던 순간 가느다란 희망의 빛이 보일 때 우리는 마치 닫힌 문이 열리듯 기적 같은 경험을 했다 하지 않는가요?

우리가 위험에 빠졌을 때 초긴장의 상태로 마음의 준비를 하게 되면 우리는 자신에게 존재하는 균형의 힘을 십분 발휘하게 됩니다. 이것이 바로 통찰(洞察)의 힘이며 자아의 정신의 힘과 주변 환경과의 균형을 잡아 결국 그 굳게 닫힌 문을 열게 하는 기적 같은 결과를 낳게 되는 것이기 때문입니다. 더 많은 문을 마주하는 자가 더 많은 문을 열게 될 것이고 그 고민과 통찰의 양만큼 그의 인생은 자유로워질 것입니다.

이것은 투쟁이나 다름없는 어려운 과정입니다. 우리를 보다 높은 의식의 차원으로 올려놓을 이 투쟁을 통해 그 인식의 끝에 느끼게 되는 것은 무조건적인 사랑이라는 우리의 원형에 좀 더 가까이 다가가게 됩니다. 그러면 우리는 우리의 원형인 무조건적인 사랑과 조건적인 세상살이 가운데에도 평정심을 유지하는 극도의 균형감을 선물로 받게 될 것입니다.

출발과 투쟁

마음공부를 시작하게 된 이유는 다 제각각일지라도 우리에게 이제까지 겪은 어려움들의 공통점은 있습니다. 그것들을 하나씩 살펴보면 자신을 행복하게 해 줄 것이라 믿었던 많은 것들에 대한 집착, 삶의 통제권을 놓지 않으려는 발버둥, 나는 특별하고 다른 이들과 다르다는 특권의식, 타인과 나는 분리되어 있고 인생은 혼자라는 이원성 등, 세상의 보편적인 신념을 바탕으로 했던 사사로운 생각들이 사실 자신을 고통의 구덩이로 몰고 가기 시작한 출발점이었습니다.

우리가 남남이고 분리된 존재라는 이원성(二元性)은 근본적으로 우리 모두가 경쟁자이며 서로가 서로를 짓눌러야 살아남을 수 있다는 논리로 귀결하게 됩니다. 이러한 사고방식은 괴로움을 자초합니다. 그런 사고방식 속에서는 타인과 마주하는 순간부터 우열을 가려야 하고 자신을 더욱 이익되게 하는 방법을 다퉈야 하므로 어느 누구를 만나도 내 편은 어디에도 없게 되는 것입니다.

인간은 아무리 안락한 잠자리와 식량이 제공되어도 무인도에서 살 수 없듯이 우리는 타인과 교감하고 공감하며 살아야 하는 존재입니다. 아무리 세상살이가 어렵다 하더라도 우리는 그 공감을 통해 지지받고 격려받으며 또 그 길을 걸어갈 에너지를 서로에게 나누며 살아가야 합니다. 그것이 없다면 그 사람의 삶은 기계의 삶처럼 죽은 것이나 마찬가지 아닐까요?

두 번째 망상은 소유에 관한 것인데 나를 행복하게 만들어 줄 무언가가 존재하며 그것을 소유한다면 행복이 영원히 지속될 것이라는 믿음입니다. 이러한 믿음은 세상사의 많은 주고받기의 관계가 파우스트식의 거래로 확대되어 행복과 기쁨이라는 정신적 가치조차도 물건처럼 소유하는 상품으로 취급하며 살아가게 됩니다.

실제의 행복이란 삶 속에서 만나는 다양한 관계에 대한 관심과 사랑이며 이것이 하늘이 주신 가장 큰 능력, 가장 큰 기쁨입니다.

세 번째는 우리의 두려움으로부터 만들어진 통제에 대한 환상입니다. '~를 해야 한다'는 등식으로 입력된 여러 가지 통제들이 우리의 삶을 균형 있게 살아가도록 만드는 것처럼 보일지는 몰라도 감정의 파도에 휩쓸리지 않을까 두려워하게 되는 유년기의 사고 패턴에 기반한 등식입니다. 더 이상 유아적인 두려움이나 욕망 앞에서 휘둘리지 않을 때 우리는 두 발을 땅에 붙이고 서는 현실감 있는 균형을 회복할 수 있게 됩니다.

우리가 이겨야 할 마지막 망상은 스스로 특권을 가진 존재로 여기는 것입니다. 인간은 모두 소중한 존재이고 특별한 존재입니다. 하지만 이것이 나에게 국한되는 것이 아니라는 것을 우리는 자주 잊나 봅니다.

내가 소중하듯 타인도 소중하기 때문에 타인이 나를 진지하고도 특별하게 대우하지 않았을 때 격노하거나 그를 무조건적으로 탓할 이유가 없습니다. 더 나아가 그 타인에게 인정과 보호를 받기 위해 나의 존재를 무시하거나 그들의 이익에 이용되도록 내버려 두지 마십시오. 자신의 존재를 인정한다는 것은 자신을 소중하게 여기는 마음에서 비롯되는 것이기 때문입니다.

세상으로 던져진 패들은 그냥 세상에 골고루 뿌려진다는 것을 알아야 하고, 그 어떤 인생도 특별히 유리하게도 특별히 불리하게도 세팅되지 않는다는 하늘의 진실을 숙연하게 받아내는 것도 포함되어야 할 것입니다.

새로운 문이 열리고

우리가 일상을 살아가면서 일어나는 주변의 일들을 바라볼 때, 가뭄일 때 내리는 비는 '단비'라며 고마워하지만, 자신이 필요하지 않을 때 내리는 비는 나를 힘들게 하는 '비 오는 날'이 되고 비 때문에 '우울한 날'이 되어 버리기도 합니다. 사실 비는 그냥 내릴 때가 되어 내릴 뿐인 것인데 말이죠.

우리는 이 날씨조차도 자신의 감정과 분리되지 않은 채 살아가게 됩니다. 날씨에 따라 기분이 좌우되기도 하고 화창했으면 하고 원하는 것이 생겨나며, 바라는 대로 되지 않는다고 불편해하고, 더 나아가서는 자신의 사적인 일에도 영향을 미치게 될 정도로 밖의 상황과 분리가 되지 않는 삶을 살아가게 되지요.

관조적인 입장을 취하지 못하는 삶의 자세는 금세 자잘한 주변의 신경전에 '폭' 빠져들고, 금세 인생의 목적을 잃어버리고, 금세 나의 주체성을 상실하게 만들어 집착하는 인생이 되게 한다는 사실을 잊지 마세요.

심리학에 관심을 갖게 되는 계기가 실연이나 상처, 우울, 실수, 갈망 또는 말로 다 설명할 수 없는 여러 가지 고민으로 인해 시작되었을 것입니다. 이 중 어떠한 이유라 할지라도 당신은 신의 은총의 부름을 받은 것이나 마찬가지입니다. 모순적인 얘기일지는 모르지만 상실과 좌절이야말로 우리가 무언가를 재정립하고 진실한 것을 얻을 수 있는 길목에 이르게 하지 않던가요?

카를 융은 이런 은총 어린 여정을 이렇게 묘사했습니다.

"우리가 가는 곳마다 이성으로 이해하기 힘든 수수께끼와 논리로 설명할 수 없는 초자연적인 힘에 둘러싸여 있다는 것을 아는 것은 치유의 힘을 가진 발견이며 피할 수 없는 목표를 향해 질질 끌려가는 것이 아니라 허리를 꼿꼿이 편 채 걸어갈 수 있다."

치유의 힘은 자기 파괴적으로 향했던 자아의 힘을 자기 도움의 방향으로 전환하고 이러한 진정한 보살핌의 모습으로 변모한 자아는 사랑, 그 자체가 되게 합니다.

이러한 깨달음은 우리의 사랑이 매우 보편적이고 무조건적이었음을 증명해 주고, 이것이 진정한 우리의 정체성이라는 것을 확인시켜 주는 것과 같습니다.

진짜 어른 되기

"극단적인 위기가 찾아왔을 때, 어디에도 탈출구가 보이지 않을 때,
비로소 내부에 폭발이 일어나고 새로운 무엇인가가 나타난다. 근원을
알 수 없는 안도감, 끓어오르는 에너지, 합리적인 기대,
그리고 희망이 생겨나는 것이다."

― 에밀 뒤르켐(Emile Durkheim) ―

심리학을 좀 더 쉽게 다가갈 수 있는 책을 써보고 싶다고 다짐을 하고선 이야기를 하나씩 풀어나가던 중 나의 어린 시절 기억과 파란만장했던 청년기, 그리고 지금까지의 내 삶의 기억들이 총동원되는 기분을 느낍니다.

　글의 처음에 들어갈 때 왜 갑자기 '달'이 떠올랐는지 모를 일이지만 그 이유를 꾸역꾸역 맞추어 보면 버거운 인생의 짐 때문에 한고비, 한고비 아리랑 고개를 어렵게 넘어갈 때마다 달을 보며 참 많이 울었던 기억, 그리고선 또다시 달님에게 각오하듯, 마치 달님이 내게 닥친 삶의 숙제들을 내가 과연 잘 이겨낼지를 지켜봐 주기라도 하는 것처럼 기도했던 기억들 때문일까요? 그러게 어느 시인이 말했듯 모든 위대한 일은 밤에 일어나는 것이 분명했습니다.

　깜깜한 밤에도 희미하게나마 길을 비춰주는 달빛처럼 나의 어둡고 깜깜한 마음에도 그 빛이 어느새 맘에 들어와 앉았습니다. 달은 또한 여성과 어머니의 상징이기도 한데 그래서 마음의 상처와 치유에 관한 생각을 할 때면 자꾸 달이 생각나는 이유인 것도 같습니다.

　우리는 모두 어머니의 몸을 빌려 이 세상으로 나왔습니다. 우리의 어머니들은 어쩌면 자신조차도 가늘 수 없는 정신으로 자식을 낳으셨을는지도 모를 일입니다. 자신도 치유가 이루어지지 않았고 또한 해결해야 할 인생의 문제가 산더미처럼 쌓인 채로 정신없이 우리를 키웠을 것입니다. 지금 우리가 그러하듯이 말이죠.

　우리들 또한 제정신을 차리지 못하고 살아가는 와중에 우리의 아이들을 낳았고 그 아이들은 적게, 또는 많게 부모의 영향을 받으며 독(毒)도 되고 약(藥)도 되는 그런 관계 속에 커가는 중 아닐까요?

아이들의 눈에 비친 어른

어릴 적엔 어른들이 모두 다 존경스럽게 느껴졌습니다. 어쩌면 저렇게 키도 크고 운전도 잘하며 게다가 아이들에겐 너무나 힘겨운 것들도 척척 잘도 해내는 모습에 감탄하기도 했습니다. 그래서 어렸을 적엔 어른들은 어떤 일에서건 틀릴 리가 없다고 확신했던 것 같습니다. 어른들이 나를 무시하거나 비교하고, 야단치거나 박탈하게 된다면 그건 전부 '나의 탓'이라고 생각했습니다. 뭐든 잘하는 어른들이 잘못할 리가 없으니까요.

아이들이 어른을 잘 이해하지 못하듯이 어른도 분명 아이일 때가 있었음에도 불구하고 옛날 기억은 다 어디에 가져다 버렸는지 아이들을 잘 이해하지 못하는 것 같습니다.

아이들은 절대적 사고 패턴을 가지고 있어 '1 + 1 = 2'라는 수준을 잘 뛰어넘지 못합니다. '엄마가 저렇게 어두운 표정인 건 내가 지루한 아이라서 그럴 거야', '선생님이 나만 미워하는 걸 보면 내가 못나고 부족해서 그런 걸 거야'를 되뇌며 무시당하거나 비교당하는 상처 속에서도 눈물을 삼키며 늘 반성에 반성을 거듭합니다. 이렇게 아이들에겐 작은 무시와 박탈도, 작은 응원과 인정에도 존재감에 깊이 박히는 경험이 되어 버립니다.

법적인 성인은 20세부터이지만 정신적으로는 자신이 어른으로 살아가겠다고 결심하고 그렇게 살아지는 때가 바로 어른입니다.

어른이 되는 때는 십대에도 올 수 있고 죽을 때까지 오지 않을 수도 있습니다. 어떤 사람은 어른으로 살아보지 못하고 그의 인생이 끝나는데 그 이유는 자신이 어른으로 살겠다고 전념하지도 않을 뿐만 아니라 그렇게 실천하지도 않기 때문입니다.

진정한 어른으로 살아가기

우선 어른이 되기 위해서는 자신이 겪은 지난날들의 상처를 무시하고 폄하하며 사사롭게 여겨서는 안 됩니다. 우리가 우리의 몸에 생겨난 종양을 치유하고 건강을 회복하기 위해서는 고통과 아픔이 따르더라도 그것을 도려낼 용기가 필요합니다.

우리의 마음에 깊게 파인 상처들은 종양 덩어리와 같습니다, 상처를 받았음을 인정하고 눈물과 슬픔으로 하나씩 녹여 낼 때 그것은 치유되고 회복될 수 있는 것입니다.

타인이 나에게 주었던 것들을 내 것인 마냥 껴안고 살아온 긴 세월을 떠나보내고 진정한 내 것이 아닌 그 상처들을 덜어내는 진정한 애도의 과정이 필요한 것입니다.

두 번째는 당신 스스로가 이제는 어른의 삶을 선택할 수 있는 존재임을 인식하기를 바랍니다. 과거의 인생 경험에서 말로 다 할 수 없을 정도의 실패와 상처가 있었다 하더라도 보복과 자책을 통해서가 아니라 당신의 선택으로 그 책임을 감수할 수 있습니다. 책임을 지겠다는 생각은 당신을 훨씬 자유롭게 만들 것이며 책임을 받아들일 용기의 차이는 바로 아이와 어른의 차이인 것입니다.

여러분도 아시다시피 현실의 세계는 우리가 원하는 대로 그렇게 흘러가지 않을 것입니다. 과거도 그랬고 아마 앞으로도 그럴 것일 테죠. 하지만 그 대책 없이 혼란스러운 상황 속에서도 우리는 선택을 할 수 있고 그 선택에 대한 책임을 질 것입니다.

그렇게 된다면 내가 어떤 생각을 하든 어떤 행동을 하든 모두 자유입니다. 이 얼마나 신나는 일인가요? 모두 자유라니… 책임에 대한 용기를 지닌다면 당신은 진정한 자유인이 될 수 있는 것입니다. 그것이 바로 어른에게 주어진 특권이니까요.

셋째로 사람과 사물에 대한 기대와 원망을 하나씩 놓아버리세요. 이제까지 나의 불행의 원인이 '그 사람', '그것', '그 무엇'에 있었다면 이제는 모두 나로 인해 생겨난 일들이라는 것을 인정해야 합니다.

사실 이 세상 사람 그 누구도 나를 구제해 줄 수도 없고 나를 구해 줄 의무도 없다는 것은 심리 치유가 끝나는 시점에서야 겨우 알게 되는 사실입니다. 나를 구할 수 있는 사람이 있다면 단 한 사람 '바로 나'밖에는 없다는 것, 나만이 나를 지킬 수 있다는 것을 깊이 느끼길 바랍니다.

만약 당신이 그것을 가슴속 깊이 새긴다면 자신을 지키는 것에서 더 나아가 타인을 도울 수 있는 의로운 사람도 될 수 있습니다.

넷째, 더 이상 자신을 속이지 말아야 합니다. 그렇게 되기 위해서는 우선 '나는 좋은 사람이야', '훌륭한 사람이 되어야 해'라는 기대를 버려야 할 것입니다. 그런 기대를 버리고 좋은 행동을 해낼 때 비로소 당신은 좋은 사람이 될 수 있습니다.

당신이 만약 '좋은 일을 해야만 하고', '열심히 살아야만 한다'고 강박적으로 살아간다면 타인에게는 좋은 사람이 될 수도 있을지 몰라도 자신에게는 모질고 잔인한 사람이 될 뿐입니다.

인간은 모두 한계를 가지고 있으며 이 세상도 한계를 지닌 그런 세상입니다. 인간이라면 누구나 그런 서로의 기대에 부응하지 못하고 살아가는 것, 또한 자신의 기대에도 다 부응하지 못하고 살아가는 것, 그것이 바로 매우 정상적인 삶입니다.

완벽한 인간도 없고 완벽하게 그 뜻에 맞게 살아갈 수도 없습니다. 유일하게 우리가 할 수 있는 것은 우리가 느끼고 생각하는 것들에 대한 진실을 알고 또 그저 인간다운 결정을 하는 것일 테죠. 나와 남의 훌륭하지 않은 면과 좋아 보이지 않은 면을 수용하고 살아보면 오히려 더 훌륭한 삶이 될 수도 있을 것입니다.

마지막으로 우리의 결정은 공동체의 이익과 나의 이익이 균형을 이루어야 한다는 것입니다. 인간은 모두 이기적인 본성을 가지고 있습니다. 지나치게 이타적인 것 또한 경계심이 들게 만드는 이유는 인간의 본성이 원래 이기적이라는 것을 모두가 알고 있기 때문 아닐까요?

인드라망의 구슬처럼

불교 화엄종의 근본 경전인 《화엄경》에 이런 내용이 있습니다.

"인드라의 하늘에는 구슬로 된 그물이 걸려 있는데 구슬 하나하나는 다른 구슬 모두를 비추고 있어 어떤 구슬 하나가 소리를 내면 그물에 달린 다른 구슬 모두에 그 울림이 연달아 퍼진다고 한다."

우리는 모두 인드라망(因陀羅網)의 구슬과 같습니다. 서로가 경쟁을 하고 더 많이 가지려고 하고, 더 높이 올라가기 위해서 애를 쓰지만 세상의 이치는 결국 '네가 아프면 나도 아프고, 네가 웃으면 나도 웃는' 그런 연결된 그물망 속에서 서로를 비추고 있는 구슬입니다. 뿐만 아니라 세상 모든 만물은 자신이 지은 업(業)과 인연(因緣)으로 과거와 현재, 그리고 미래라는 시간도 한대 얽혀 거대한 그물을 이루고 있다고 할 수 있습니다. 그러한 인과(因果) 속에서 만물이 얽혀 살아가는 것입니다.

공동체의 이익에 절대적으로 반하는 개인주의는 결국 단기적으로는 편리와 특별한 실익이 있는 것처럼 느껴질지 모르나 장기적으로는 막다른 길에 봉착하기 쉽습니다. 그 이유는 그 방향 자체가 세상을 이끄는 자연의 이치에 어긋나기 때문입니다.

자연의 신비한 치유력 덕분에 바닥에 뿌리를 박고 있는 나무들조차도 그 군락 전체가 생존하기에 유리하고 씨앗이 잘 자랄 수 있는 좋은 환경으로 스스로 이동하고 있는 것을 아시나요? 아주 적은 움직임이긴 하지만 살기 좋은 환경으로 군락이 서서히 이동하는 것을 과학자들이 이미 수년에 걸친 연구로 밝혀낸 바 있습니다.

모두 아시다시피 나무는 의식이 없이 무의식만으로 살아가는 존재이지만 그 무의식이 자신을 더 좋은 환경으로 이끌어 가고 있는 것입니다. 그 과정에서 군집 전체의 생명에 도움이 되지 않는 것, 그것이 자신의 일부라 할지라도 저절로 파괴되기도 하고 희생되며 전체가 최적의 생존을 하기 위한 조건으로 서서히 적응해 나가는 것입니다.

오늘날 우리의 현실이 점점 각박해져 가고 감정은 메말라 간다는 것은 거부할 수 없는 사실입니다. 학교나 가정, 사회에서는 하나같이 권력 욕구와 자만심을 부추기고 그것을 승리(勝利)라는 이름으로 단상 위에 올려놓습니다. 그렇다고 해서 모든 사람이 출가(出家)하여 수행하고 정진하며 사는 삶만이 잘 사는 길이라고 말하는 것은 아닙니다.

물질에 기반한 척도로 인간의 가치를 매기는 문화는 내 아이, 가족만을 특별하게 여기고, 자신의 이익만 중요시하는 병적인 이기주의에 빠지게 만들고, 인간의 정신 에너지를 갉아먹게 만듭니다.

　점점 더 물질만능주의, 개인주의로 바뀌어 가고 있는 이 세상을 바로잡을 수 있는 사람은 바로 어머니들이라 할 수 있습니다. 아버지의 권위가 중심이 된 부성적인 가르침은 공동체 의식보다는 경쟁과 생존에 가치를 두고 있으며 덕분에 아이들은 현실에서 건강한 사회인으로 살아가는 것에 도움을 받게 됩니다. 하지만 모성적인 양육은 아이들의 세계관을 결정짓는 이정표가 되어 아이들의 행복한 삶과 어우러질 공동체의 뿌리가 되는 것입니다.

　세상이 아무리 산업화되고 발달하여 손가락 하나로 기계를 조작하며 살아가는 편리함이 예고된다고 하더라도 인간은 자연의 한 부분일 따름입니다. 그렇기 때문에 인간의 생(生)과 멸(滅)은 자연의 이치에 따르게 되어 있습니다.

　우리의 공동체도 또한 자연의 이치에 따라 생성과 소멸의 길을 갈 것이며 상생이라는 자연의 법칙에 뿌리를 둔 존재만이 정신적으로 살아남을 것입니다.

　사랑과 치유의 상징인 아기를 하늘로부터 받아낸 어머니들이 우리의 원형인 사랑으로 돌아가야 할 때입니다. 그렇게 성장하게 된 생명력 가득한 존재는 우리의 현세와 후세를 살릴 사랑과 영생의 정신이 되어 건강하고 행복한 삶으로 우리를 이끌게 될 것입니다. 그리고 그 중심에는 밤하늘의 달빛처럼 세상의 어두운 길을 밝힐 어머니들이 있다는 것을 잊지 마시길 바랍니다.